KB100256

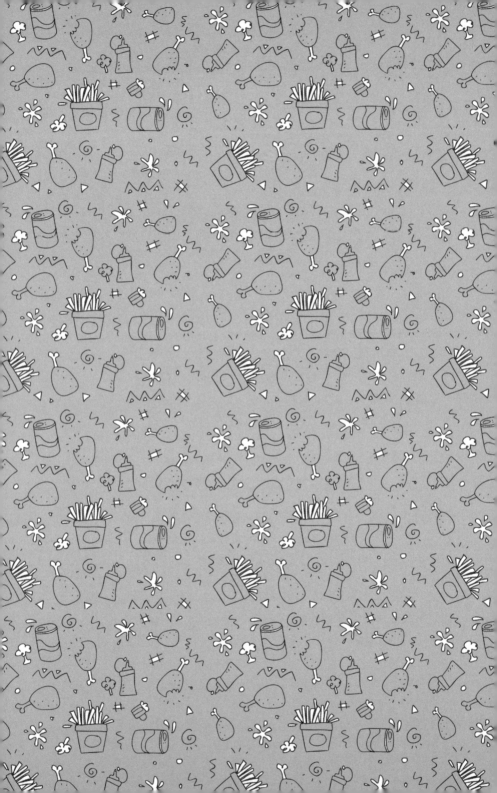

십대들을 위한
맛있는 인문학

먹거리에 비친 나와 너 그리고 우리

십대들을 위한
맛있는 인문학

발행일	2019년 03월 18일 초판 1쇄 발행
	2024년 08월 20일 초판 7쇄 발행
지은이	정정희
발행인	방득일
편 집	박현주, 강정화
디자인	강수경
마케팅	김지훈

발행처	맘에드림
주 소	서울시 도봉구 노해로 379 대성빌딩 902호
전 화	02-2269-0425
팩 스	02-2269-0426
e-mail	momdreampub@naver.com

ISBN 979-11-89404-12-3 44380
ISBN 979-11-89404-03-1 44080(세트)

먹거리에 비친 나와 너 그리고 우리

십대들을 위한
맛있는 인문학

정정희 지음

맘에드림

'잘' 먹는다는 것은 어떤 의미일까요?

교실의 칠판 한 귀퉁이에는 종종 오늘의 급식 메뉴가 적혀 있습니다. 좋아하는 메뉴에는 동그라미와 함께 별표가 서너 개쯤 달리죠. 먹고 돌아서기 무섭게 배고픈 십대들에게 먹는 것은 참 중요한 문제입니다. 그래서 급식시간은 지루한 학교생활에서 단비 같은 시간이기도 하죠. 그런데 먹는 문제는 비단 청소년뿐만 아니라 우리 인류 전체에게 항상 최고의 관심사였습니다. 다만 예전에는 어떻게 '배불리' 먹느냐가 고민이었다면, 지금은 '무엇'을 얼마나 '잘' 먹느냐가 문제입니다. 그런데 여러분은 '잘' 먹는 게 어떤 것인지 생각해 본 적이 있나요? 맛있게 먹는 것? 또는 몸에 좋은 것을 먹는 것? 그렇다면 무엇이 '맛있는' 것, '좋은' 것일까요?

"당신이 무엇을 먹는지 알려주면 당신이 어떤 사람인지 말해주겠다." 미식가로 유명한 프랑스 요리 거장 브리야 사바랭의 말입니다. 여러분은 평소 어떤 음식을 즐겨 먹나요? 혹시 그 음식들을 보며 나는 어떤 사람인지 생각해본 적이 있나요? 또한 달콤하고 자극적인 맛에만 길들여져서 혀끝 감각에만 자신을 맡기고 있지는 않나요? 맛있는 음식을 먹을 때 그것이 어떻게 만들어졌고, 어디에서 왔는지 한 번쯤 생각해본 적은 있나요? 우리는 살기 위해서 먹습니다. 그런데 정작 우리가 먹는 음식들이 나를 살리는 음식인지 생각해본 적은 없을 것입니다. 더 나아가 내 이웃을 살리고 지구를 살리는 음식인지에 관해서도요.

"아는 만큼 보인다." 유홍준 교수가 《나의 문화유산 답사기》라는 책에서 한 말이죠. 이는 문화유산뿐만 아니라 먹는 것에도 통용되는 말일 것입니다. '먹방' 프로그램에서 본 특별한 음식에는 관심을 기울이면서도 정작 우리가 매일 먹는 일상적인 먹거리들에 대해서는 무관심하고 또 배울 기회도 많지 않습니다. 그래서인지 우리의 관심은 오직 혀끝에만 쏠려 있죠.

우리가 매일 먹는 음식들이 어떻게 만들어졌는지와 나의 몸, 우리 사회, 더 나아가 지구환경에 어떤 영향을 미치는지 알아야 합니다. 알아야 보이니까요. 문제가 무엇인지 볼 수 있어야 해결도 할 수 있지 않을까요? 이 책에서는 우리가 일상적으로 먹는 음식들에 담긴 이런저런 이야기를 해보려고 합니다. 그 과정에서 여러분 스스로 먹거리 문제에 대해 관심을 가지고, 모두가 함께 '잘' 살 수 있는 더 나은 선택을 할 수 있기를 바랍니다.

정정희

목 차

저자의 말 • 004

1부

맛있으면 땡! 너도 혹시 음식 문맹이니?
먹거리의 세계화와 산업화의 그늘

2부

끊을 수 없는 맛! 달콤하고 편리한 현대 먹거리의 비밀
우리를 중독시키는 발칙한 먹거리들에 관하여

3부

얼쑤, 뭐니 뭐니 해도 우리 것이 좋은 것이여!

우리네 밥상을 지켜온 먹거리들에 관하여

현대사회는 먹거리들로 넘쳐납니다. 거리에는 음식점들이 즐비하고, 마트에 가면 온갖 먹거리들을 구할 수 있죠. 그러나 우리나라만 해도 불과 수십 년 전까지는 많은 사람들이 굶주림에 시달렸습니다. 가을에 수확한 양식은 바닥이 나고 보리는 미처 여물지 않아 식량사정이 매우 어려운 고비를 가리키는 보릿고개라는 말도 있었으니 말입니다. 먹거리의 세계화와 산업화는 인류를 굶주림에서 구원해주었다고 하는데, 그것이 정말로 구원일까요? 혹시 재앙의 전주곡은 아닐까요? 여기에서는 먹거리의 세계화와 산업화가 미친 긍정적인 영향 이면에 숨겨진 현대사회의 모습을 살펴보려 합니다.

1부

맛있으면 땡!
너도 혹시
음식 문맹이니?

먹거리의 세계화와 산업화의 그늘

01

누구는 입이고, 누구는 주둥이였던 시절의 종말

여러분은 혹시 중국의 4대 미녀를 알고 있나요? 서시, 왕소군, 초선 그리고 양귀비입니다. 그중 우리에게 가장 익숙한 이름은 당나라 현종이 해어화(解語花)[1]라 칭한 '양귀비'일 것입니다. 그동안 숱하게 드라마와 영화로도 만들어질 만큼 양귀비의 미모는 남달랐나 봅니다. 그런데 이 양귀비가 아름다움을 유지하기 위해 먹었다는 과일이 있습니다. 바로 '리치'라는 과일입니다.

리치는 중국의 광둥성이라는 곳에서 생산되었는데, 광둥성에서 당나라의 수도 장안까지는 오늘날에도 비행기로 3시간, 기차로 26시간이나 걸립니다. 그런데 오늘날과 같은 빠른 운송 수단도 없던 그 시절에 '리치'를 제때 대령하지 못하면 사형을 당하기도 했다는 군요. 그래서 리치의 수송을 맡은 사람들은 양귀비에게 신선한 '리

....
1. 말을 알아듣는 꽃이라는 뜻

치'를 제공하려고 몇 날 며칠 쉬지도 못하고 말을 달려야 했습니다. 그 과정에서 무수한 말과 사람이 쓰러져 죽었다고 합니다. 그렇게 쓰러져 죽은 사람들은 리치 맛을 알기나 했을까요? 문득 궁금해집니다. 누구는 입이고, 누구는 주둥이냐는 말이 절로 떠오르는 대목이 아닐 수 없습니다.

클릭 한 번이면 뭐든 사 먹을 수 있는 세상

비단 양귀비뿐만 아니라 옛날에는 오직 엄청난 부와 권력을 가진 자들만이 장거리에서 생산되는 먹거리를 겨우 맛볼 수 있었습니다. 그래서 어떤 이들은 자신의 부와 권력을 과시하기 위해서 일부러 먼 곳에서 나는 음식을 구해다 먹기도 했지요.

그에 비해 오늘날에는 세상이 참 편해졌습니다. 누구나 지구 반대편이든 어디서든 생산된 먹거리를 클릭 한 번으로 간단히 구매할 수 있으니까요. 당장 먹고 싶다면 다양한 물건을 구비해둔 대형 마트로 달려가면 됩니다. 맘만 먹으면 칠레산 포도를 언제든 사먹을 수 있고, 봄철에만 먹을 수 있는 과일이던 딸기도 한여름이든 한겨울이든 얼마든지 먹을 수 있습니다. 아마 여러분의 부모님 세대는 어린 시절에 바나나 한 번 먹어보는 게 소원이던 분도 있을 거예요. 왜냐하면 당시만 해도 바나나는 몸이 아프거나 귀한 손님이라도 오셔야 간신히 맛볼 수 있던 과일이었으니까요. 지금은 흔해빠진 그

바나나를 말이죠. 참으로 격세지감(隔世之感)[2]이 느껴집니다. 이 모든 것이 먹거리의 산업화와 세계화를 통한 '시공간의 축소'가 있었기 때문에 가능해진 일입니다.

산업화와 세계화가 해결한 인류의 오랜 숙제, 식량 부족

2018년에 개봉한 마블 영화 시리즈의 하나인《어벤저스: 인피니티워》의 결말은 수많은 영화 팬들에게 충격을 안겨주었습니다. 영화에서 역대급 빌런, 즉 악당으로 나오는 타노스는 인구 과잉으로 인한 재난이 우주를 멸망시킬 것이라고 생각해서 전 우주 인구의 절반을 몰살시킬 계획을 세우죠. 보통의 영화 상식으로는 어벤저스들의 활약으로 이 계획을 막아내야겠지만, 영화는 예상을 깨고 타노스의 계획이 성공하는 것으로 끝을 맺습니다. 물론 곧 속편에서 이야기가 이어질 계획이긴 하지만요.

타노스는 아마도 맬서스가 쓴《인구론》의 충실한 추종자였던 모양입니다. "인구는 (억제되지 않을 경우) 기하급수적으로 증가하고, 식량은 산술급수적으로 증가한다." 영국의 경제학자 맬서스의《인구론》(1798)이라는 책에서 가장 유명한 구절입니다. 즉 맬서스의 주장대로면 자연 상태에서는 급속한 인구 증가로 인한 식량 부족을

----

2. 오래지 않은 동안에 몰라보게 변하여 아주 다른 세상이 된 것 같은 느낌(표준국어대사전).

피할 수 없습니다. 그는 그로 인해 필연적으로 빈곤과 죄악이 발생할 것이라고 주장하였죠.

지금도 그렇지만 인류는 언제나 먹고사는 문제와 치열하게 싸워왔습니다. 산업혁명으로 엄청난 생산력의 증가를 이루어냄으로써, 먹고사는 문제가 조금은 나아지리라는 기대를 가졌던 맬서스 시대의 민중들은 심화되는 빈부격차의 벽 앞에서 크나큰 좌절을 맛보고 있었죠. 빈민을 구제하라는 사회적 요구가 높아지던 때에, 맬서스의 논리는 "죽을 사람은 죽게 내버려 두라, 그것이 하늘의 섭리다."라는 부자의 논리로 포장되었습니다. 맬서스의 본뜻이 무엇이었든 간에 부자들에게는 반가운 논리였죠.

그러나 다행히도 맬서스가 우려한 일들은 일어나지 않았습니다. 인구는 계속 증가했지만 기하급수적으로 늘지 않았고, 식량 생산 역시 산술급수적으로만 늘어나지는 않았습니다. 기술의 엄청난 발달과 함께, 산업화된 농업으로 인한 생산량 증가 및 생산단가의 절감이 인류의 생존에 기여한 바를 어느 정도는 인정해주어야 할 것 같습니다. 이제 돈만 있으면 지위고하를 막론하고 누구나 먹고 싶은 것을 사먹을 수 있습니다. 거리에는 음식점이 즐비하고, 언제 어디서든 배달시켜 먹을 수 있으니까요. 그런데 먹거리에 대한 접근성이 높아지고, 지천에 먹거리가 널려 있는데, 어쩐지 우리들은 예전보다 훨씬 더 허기진 것처럼 보이는 건 기분 탓일까요? 게다가 이러한 허기는 아무리 배불리 먹어도 쉽게 채워지지 않습니다.

집밥이 향수가 되어버린 세상

2016년 '집밥'이라는 단어가 사전에 등재되었습니다. 과거에는 밥이란 으레 집에서 먹는 것이다 보니 굳이 '집밥'이라는 말은 사족이었죠. 그러나 현대사회는 일상화된 외식 때문인지 집에서 밥을 먹는 게 오히려 더 특별한 일이 되어버린 것 같습니다. 느긋하게 밥먹을 시간도 부족한 바쁜 현대사회에서 늘어가는 1인 가구 때문인지 몰라도 언제부터인가 어머니가 정성스럽게 만들어주신 '집밥'은 하나의 로망이 되었습니다. 그래서인지 집밥을 표방한 방송 프로그램도 속속 나오고 있습니다.

하지만 집밥을 먹으려면 누군가의 희생이 필요합니다. 누군가는 매일 삼시세끼 밥을 지어야 하니까요. 정성스럽게 준비한 집밥이나 슬로푸드가 몸에 좋은 줄 모르는 사람이 있을까요? 하지만 여성의 사회 진출이 활발해지고 있는 상황에서 누군가, 특히 어머니의 일방적인 희생을 강요해서는 안 된다는 논리를 쉽사리 반박하기란 어렵습니다.

'레닌은 사회주의가 여성들을 가사일로부터 해방시킬 것이라고 소련 여성들에게 약속했지만, 정작 그 약속을 지켜준 것은 냉동 인스턴트 식품, 전자레인지, 맥도날드[3]'라고 누군가 말했죠. 여성의

----

3. Tanesy Geoff, Tony Worsley, 《Food system : a Guide, Earth》 : 김종덕, 《음식 문맹자, 음식 시민을 만나다》, 38쪽에서 재인용

사회 진출로 인해 패스트푸드가 각광받은 것이든, 패스트푸드로 인해 여성의 사회 진출이 쉬워진 것이든 둘 사이에 상관관계가 어느 정도 존재한다는 것 역시 부정할 수 없습니다.

최근 급속히 늘어나는 1인 가구의 세대원들도 자신의 시간을 음식을 만들어 먹는 데 쓰는 대신에 다른 일을 하는 데 쓰고 싶어 합니다. 게다가 비용적인 면에서도 직접 한 끼를 지어 먹는 것보다 사 먹는 편이 훨씬 경제적이죠. 이렇듯 삶의 방식이 예전과는 확 달라졌는데 과거의 것만 옳다고 고집할 수는 없게 되었습니다.

과거의 인류는 극소수의 부유층이나 권력층을 제외하면 늘 끼니 걱정을 해야 했고, 다른 나라에서 생산되는 먹거리는 언감생심이요, 심지어 다른 지역에서 나는 특산품을 구하는 것조차 어려웠습니다. 하지만 산업화된 농업과 먹거리의 세계화 덕분에 지금은 최소한 인류의 오랜 숙제였던 지긋지긋한 식량난만큼은 해결된 모양새입니다.

그런데 현대의 먹거리가 과연 예전보다 나아졌는지에 대해서는 의문이 듭니다. 끼니 걱정에서 벗어난 것은 일면 다행이기도 한데, 한편으론 달라진 먹거리들이 우리를 공격하고 있다는 점에서 우려하지 않을 수 없으니까요.

02
먹거리의 산업화가 초래한 인류의 위태로운 미래

햄버거로 대변되는 패스트푸드가 몸에 해롭다느니, 많이 먹지 말자느니 하는 말은 이미 식상합니다. 그럼에도 패스트푸드는 이제 우리 삶 깊숙이 자리 잡아버렸고, 우리 삶의 방식을 지배하는 하나의 시스템이 되어버렸죠. 텔레비전에는 잘생기고 예쁜 남녀주인공이 패스트푸드점에 앉아 간단히 끼니를 해결하는 모습이 왕왕 등장합니다. 혹시 그러한 미디어의 부추김까지 더해져 우리는 더더욱 패스트푸드를 끊을 수 없는 게 아닐까요?

앞서 먹거리의 산업화와 세계화를 통해 인류의 오랜 숙제인 식량 부족이 해결되었다는 이야기를 했습니다. 해결된 정도가 아니라 언제부터인가 다 먹지 못해 버려야 하는 음식물 쓰레기로 골머리를 앓아야 할 지경에 이르렀죠. 그런데도 지구 반대편에는 여전히 굶주리는 사람들이 존재하니 참 아이러니합니다. 더 큰 문제는 현대의 많은 먹거리가 우리의 몸을 병들게 하고 있다는 점입니다.

인류의 지속가능한 발전을 위협하는 먹거리

산업화와 함께 '합리성'이라는 그럴 듯한 명분으로 발전해온 우리의 먹거리체계는 이미 곳곳에서 문제를 일으키고 있습니다. 그리고 그 문제들은 인류의 '지속가능한 발전'마저 위협하고 있죠. '지속가능성'이란 생태계가 미래에도 유지할 수 있는 제반 환경이란 의미로, 쉽게 말하면 '미래 유지가능성'이라는 뜻입니다. 그런데 이 말은 최근 들어 '지속가능한 발전', '지속가능한 개발', '지속가능한 경제', '지속가능한 먹거리' 등 온갖 사회용어에서 쓰이고 있죠. 그만큼 미래의 지속가능성이 위협받고 있다는 증거가 아닐까요?

오랜 B. 헤스터먼은 《페어푸드》라는 책에서 이를 고장난 먹거리체계[4]라는 말로 정의하였습니다. 헤스터먼에 의하면 먹거리체계란 영양 공급을 주 목적으로 하는 생산, 가공, 유통, 소매, 소비는 물론 남은 음식의 처리 과정까지 모두 아우르는 전체 시스템을 말하죠. 사실 과거의 먹거리체계는 아주 단순했습니다. 인구의 대부분이 농촌에 살면서 자기네 먹을 것을 손수 길러 먹었으니까요. 장거리 유통을 하는 경우는 아주 드물었죠. 처음에 이야기했던 양귀비 정도의 권력은 가지고 있어야 먼 곳에서 생산된 먹거리를 먹겠다는 엄두라도 내볼 수 있었을 테니까요.

....
4. 오랜 B. 헤스터먼이 쓴 《페어푸드》라는 책에서 언급한 말로 먹거리체계와 관련해 이 책을 주로 참고하였다.

거대한 공장이 되어버린 농지

산업혁명 후 세상은 달라졌습니다. 산업화의 영향으로 인구의 대부분이 농촌이 아닌 도시로 이주하면서 전체 인구의 4분의 3이 도시에 살게 되었죠. 아울러 농업의 기계화와 유전공학 및 농화학의 발전으로 인해 식량 생산량은 급격하게 늘어났습니다. 급격한 생산량 증가는 앞서도 이야기했지만, 한편으론 인류를 괴롭혀온 고질적 굶주림을 해결하는 데에 기여했습니다.

헤스터먼은 전체 인구의 2%가 나머지 98%를 먹여 살리는 구조라고 말합니다. 덕분에 98%의 인구는 농업에서 해방되어 제조업이나 의료, 예술과 과학 등 다양한 분야에 기여할 수 있게 된 거죠.[5] 정부는 생산성을 높이는 동시에 농산물의 소비자 가격을 상대적으로 낮게 만드는 정책을 꾸준히 실행해왔습니다. 제조업 분야에서 생산량을 높이고 가격을 낮추는 방법은 '소품종 대량생산'을 통한 전문화의 추구죠. 현대사회는 먹거리체계에도 이러한 방식을 도입하였습니다. 이제 농지는 하나의 거대한 공장입니다. 특정 기후와 토양 때문에 특정 지역 농부는 특정 농산물만을 주력 작물로 삼아 전문화된 농장을 운영합니다. 그러면서 식품 유통체계에도 규모의 원리가 적용되었습니다. 마을마다 작은 식료품점을 운영하기보다 자동차로 이동 가능한 적당한 거리에 대형 슈퍼마켓을 지어 소비자들에게

....
5. 오랜 B.헤스터먼, 앞의 책, 39쪽

대량으로 판매, 공급합니다. 바쁜 소비자들은 한 곳에서 필요한 물건을 모두 구매할 수 있어서 좋고, 소매상들은 좀 더 많은 판매 물량에 고정된 가격을 붙여 팔 수 있으니 좋다는 거죠.

그러나 이러한 유통 방식은 일부 기업이 거래량의 대부분을 통제하는 집중화 문제를 야기합니다. 미국의 경우 소고기의 도축과 포장 산업에서 단 4개의 회사가 전체 소고기의 80퍼센트, 돼지고기의 65퍼센트를 차지하고 있다고 합니다. 석유와 같은 화석 연료에 의존하는 유통체계도 문제죠. 유통 과정에서 생기는 이산화탄소의 발생도 문제입니다. 우리가 지불하는 음식 값의 절반 이상이 유통 비용인 셈입니다. 그래서인지 어떤 이들은 우리가 먹는 것은 음식이 아니라 석유라고 말하기도 합니다.

생물 다양성이 사라지는 시대[6]

현대의 달라진 농업에 관해 좀 더 알아볼까요? 빵, 케이크, 과자 그리고 여러분이 사랑해 마지않는 피자의 도우를 만드는 주 원료인 밀은 전 세계 곡물 수확량의 3분의 1을 차지하고 있으며, 세계에서 가장 많은 사람들이 주식으로 사용하는 곡물이기도 합니다. 단순 생산량으로 보면 최대 곡물은 옥수수입니다. 하지만 옥수수는 주로

....
6. 파울 트룸머의 《피자는 어떻게 세계를 정복했는가》를 참고하였다.

가축 사료로 쓰이기 때문에 밀은 가장 많은 사람들이 주식으로 먹고 있는 곡물인 셈이죠.

도정만 하면 바로 먹을 수 있는 쌀과 달리 밀은 도정 및 제분 등 좀 더 복잡한 과정을 거쳐야 합니다. 게다가 밀가루를 제분하는 일은 별로 마진이 남지 않는 사업이죠. 밀가루 자체의 가격이 높지 않은데다가 국경을 넘어가는 운송비를 빼고 나면 남는 게 거의 없기 때문에 결국은 양으로 승부할 수밖에 없습니다. 그러다 보니 전 세계의 곡물 거래 사업은 점점 소수의 대기업에 집중되고 있죠.

비단 곡물 거래뿐만 아니라 곡물 생산 과정 또한 몇몇 대기업에 집중되는 현상이 가속화되고 있습니다. 특히 종자 개발 분야에서 이 문제는 심각한 수준이죠. 사실 종자 개발 사업은 전 세계를 식량 위기로부터 구해내기 위해서 시작된 것입니다. 하지만 생산성을 극적으로 높이려는 미명하에 병충해에 강하고 수확량이 뛰어난 소수의 품종과 수익률을 앞세운 일부 농작물들이 농업시장을 장악하면서 역설적이게도 우리 미래의 식품 안정성을 위협하는 지경에 이르렀습니다.

목동이 들판에서 한가로이 양을 치고, 지게를 진 농부가 콧노래를 부르며 논둑을 거니는 목가적인 풍경은 이미 옛말이 된 지 오래입니다. 어쩌면 요즘 세대인 여러분에게는 상상조차 되지 않는 모습일지 모르겠군요. 소수 품종과 소수 기업이 시장을 장악한 가운데 끝도 보이지 않을 만큼 드넓은 밭에서 이루어지는 기계 작업 그리고 헬기를 동원한 엄청난 농약과 비료 살포. 이것이 우리 현대사회 농업의 모습입니다.

　이러한 자본 집약적 농업에서 전통적인 소농의 몰락은 당연합니다. 이제 농민들은 새로운 형태의 소작농이 되어 거대 식품회사에서 정해준 품종으로만 농사를 짓고 있는 형편이죠. 조만간 인류는 그렇게 생산된 몇 가지 종류의 곡류만을 먹으며 살아갈 것입니다. 병충해에 강하고 생산량도 많은 한두 종류의 밀만을 말이죠. 경제적인 논리로만 본다면, 이렇게 하는 것이 생산성을 가장 높이는 길이니까요.

　어쩌면 여러분은 '이게 대체 왜 문제라는 거야?'라고 생각할지도 모릅니다. 그러나 품종의 단일화가 가져온 심각한 문제를 우리는 이미 '바나나'에서 배웠습니다. 여러분은 바나나가 멸종될지도 모른다는 말을 한 번쯤 들어보았을 것입니다. 1960년대까지만 해도 지역에 따라 다양한 종류의 바나나가 생산되었죠. 하지만 현재는 튼튼하고 맛좋은 품종으로 개량된 소수 품종만 남았습니다. 즉 세계 어느 곳에서나 거의 똑같은 종류의 바나나를 먹게 된 거죠. 기업적 대량생산이 만들어낸 현상입니다.

　지금 우리가 먹고 있는 바나나는 대부분 '캐빈디시'라는 종류인데, 한때 전 세계 바나나의 대부분을 차지했던 '그로미셸' 품종이 바나나의 암이라 불리는 '파나마병'에 걸려서 멸종 위기에 처하자, 새롭게 개량한 품종이죠. 그러나 이 '캐빈디시' 역시 '파나마병'을 일으키는 변종 바이러스에 속수무책으로 쓰러지면서, 마침내 바나나 멸종설까지 대두된 것입니다.

만약 병충해를 이길 수 있는 새로운 품종이 시급하게 개발되지 않는다면 인류는 바나나를 더 이상 먹지 못하게 될 수도 있습니다. 품종을 단일화하여 생산한 결과 나머지 종들은 사라졌습니다. 만약 새로운 병원체가 창궐하여 남아 있는 한 종류의 바나나마저 파괴해버린다면 결국 바나나는 사라질 수도 있게 되는 것입니다. 만약 바나나가 이대로 멸종해버린다면 어쩌면 우리 미래세대는 바나나를 박물관이나 백과사전 같은 데서나 볼 수 있게 될 것입니다. 여기에서 우리가 주목해야 할 점은 세계화로 인해 병충해의 창궐 범위도 전 세계로 확장되고 있다는 것입니다.

더욱 심각한 문제는 다양성의 상실로 인해 위협받고 있는 건 비단 바나나뿐만이 아니라는 점입니다. 옥수수, 쌀, 밀 등도 더 이상 안전하지 않습니다. 과학자들은 30만 종 이상의 현생 생물에 이름을 붙이고 연구했지만, 그중 단 열 두 종의 작물이 우리가 섭취하는 열량의 80%를 책임지고 있다고 합니다. 단일 품종으로 농사를 짓다보면, 땅 속 미생물의 생태에도 영향을 주게 된다고 해요. 그야말로 종 다양성을 해치는 도미노가 되는 거죠.

우리 청소년의 입맛을 사로잡아버린 피자나 햄버거 등 몇몇 음식이 세계인의 입맛을 하나로 통일시키는 것 또한 음식의 다양성을 훼손하고 있습니다. 음식을 기업화시키고 자본의 논리만을 중요시한다면, 필연적으로 생물의 종 다양성을 해치는 결과로 이어질 수도 있습니다. 종 다양성을 해치는 것은 결국 인류의 미래 역시 암담하게 만드는 길임을 우리는 잊지 말아야 합니다.

헤스터먼은 '고장 난 먹거리체계'로 인해 인류의 '지속가능한 발전'이 위협받고 있다고 주장했다. 먹거리체계의 고장으로 인해 발생하는 문제들은 다음과 같다.

- **환경 관련 문제**: 식량 생산 과정에서 가장 귀중한 자원인 토양과 물이 제초제나 질소 비료, 가축의 분뇨 등으로 인해 오염되는 문제가 심각하다. 또한 농업 활동과 유통 과정에서 발생하는 온실가스 문제도 고민해야 한다. 지금의 먹거리체계는 1.4칼로리의 식품 에너지를 생산하는 데 10.3칼로리의 화석연료 에너지를 소비하고 있다고 한다.
- **음식과 건강 문제**: 장거리 수송과 장기 보존이 당연시되면서 먹거리의 품질 저하도 심각해지고 있다. 유통 과정에서 고도의 집중화, 중앙화로 인해 소외된 도시 지역과 몇몇 지방 거주자들은 건강하고 싱싱한 먹거리에 물리적으로 접근하기 어렵다. 또한 가공식품이 상대적으로 저렴하게 공급되면서 비만과 당뇨와 같은 음식 관련 질병을 유발하고 있다.
- **동물 복지 문제**: 고밀도 가축 사육시설에서 대량, 집중 사육되는 방식은 동물 복지 운동가들이 볼 때 도저히 용납할 수 없다. 이러한 환경에서는 전염병 예방을 위한 항생제 사용량이 늘어날 수밖에 없고, 결국 항생제에 내성을 가진 슈퍼 박테리아의 출현 가능성을 높일 것이다. 이는 동물뿐만 아니라 인간의 안전도 위협한다.
- **사회적 불평등 문제**: 대규모 농장과 집중화된 가공 시설물들은 대규모 노동력을 필요로 하는데, 이는 대부분 이주 노동자나 불법 취업자들을 대상으로 충당된다. 이들은 미숙련 노동을 한다는 이유로 저임금에 시달리고 있으며, 불법 노동자라는 이유로 보험의 혜택에서도 벗어나 있는 경우가 많다.

03
우리는 왜 좋은 먹거리에 관해 고민해야 하나?

최근에 텔레비전을 보면 먹방이 넘쳐납니다. 채널을 여기저기 돌리다 보면 먹방과 관련된 프로그램이 최소 몇 개는 걸릴 정도니까요. 음식을 맛보는 출연자의 호들갑스러운 리액션을 보고 있노라면 먹고 싶다는 생각이 절로 꿈틀거립니다. 때로는 자신도 모르게 음식 전단지를 뒤적이거나 배달 어플을 살펴보죠.

'음식 문맹'이 되어가는 사람들

맛있는 것을 원하는 건 인간의 당연한 욕구입니다. 그런데 여기서 문득 의문이 듭니다. 우리는 정말로 그 음식을 먹고 싶은 게 확실한가요? 혹시 그 음식을 먹고 싶도록 무의식적으로 설득이나 세뇌를 당하고 있는 건 아닐까요?

솔직히 요즘 사람들은 '좋은' 음식에 대해서는 관심이 별로 없는 것 같습니다. 왜냐하면 '미슐랭 가이드'라는 여행안내 책자를 미식가들의 성서처럼 여기면서 맛있는 음식을 찾아다니고 미식 기행을 하면서도, 정작 어떤 것이 좋은 음식인지에 대해서는 무관심하니까요. 오로지 '맛있는' 음식에만 열광할 뿐입니다. 그 '맛있는' 음식의 기준이 자신의 진짜 취향이라기보다 길들여진 맛일지도 모른다는 점에 대해서도 별로 개의치 않는 것 같습니다.

그저 완성된 형태로 자신의 입안에 들어가는 음식에만 관심을 가질 뿐, 그 음식이 어디서 만들어졌으며, 또 어떻게 여기까지 왔는지에 대해서는 무관심합니다. 게다가 물질적으로 음식에 대한 적절한 값을 치른다고 생각해서인지 음식을 만들어준 사람에게 감사하는 마음도 거의 느끼지 않죠. 현대인의 이러한 특징을 김종덕 교수는 '음식 문맹자'라고 칭하고, 그 특징을 다음과 같이 정의하였습니다.[7]

- ▸ 첫째, 음식을 중요하게 생각하지 않는다.
- ▸ 둘째, 음식을 감사하게 생각하지 않는다.
- ▸ 셋째, 음식에 대해 잘 모른다.
- ▸ 넷째, 음식에 대해 잘못 알고 있다.
- ▸ 다섯째, 음식을 만들거나 다루는 기술을 가지고 있지 않다.

....
7. 김종덕(2012). 《음식 문맹자, 음식 시민을 만나다》. 따비. 89쪽 참조

▶ 여섯째, 음식에 대해 성찰하지 않는다.

▶ 일곱째, 음식에 대해 허위의식을 가지고 있다.

생산자와 소비자 사이를 가로막고 있는 높은 벽

의식주 중에서도 인간의 생존과 가장 밀접한 관계가 있는 것이 바로 '먹거리'입니다. 그럼에도 불구하고 우리가 이토록 음식에 대해 무관심해진 이유는 무엇일까요?

미국 캘리포니아대학교 버클리캠퍼스 저널리즘 교수인 마이클 폴란은 그 이유의 하나로 현대 먹거리의 음식사슬의 길이가 길어지면서 생산자와 소비자 사이에 무지의 벽이 있게 하고, 그 벽이 양측에 일종의 무관심을 낳는다고 말하였습니다.[8] 다시 말해 생산자가 소비자가 누구인지 전혀 모르기 때문에 생산 과정에서 소비자의 건강을 배려하지 않게 된다는 뜻이죠. 소비자 또한 자신이 먹는 먹거리의 생산자를 모르기 때문에 생산자가 어떤 식으로 먹거리를 생산하는지에 대해 관심을 갖지 않습니다.

텃밭에서 채소를 기르는 사람들은 그것을 먹을 가족의 얼굴을 떠올리며, 정성을 다해 농사를 짓습니다. 서울에 있는 자식들에게 주

----

8. 김종덕, 앞의 책 118쪽에서 재인용.

려고 농사를 짓는 시골의 부모님들은 농약 한 번 치는 것조차 조심스럽죠. 행여나 자식에게 해로울까 땡볕에서 손수 벌레를 잡습니다. 가을에 추수한 농산물을 받아든 자식들 역시 밥을 해 먹을 때마다 고생하신 부모님의 얼굴을 떠올리며 쌀 한 톨에도 감사한 마음을 갖게 되죠. 하지만 농산물의 이동거리가 멀어질수록 생산자와 소비자는 서로에게 무관심해질 수밖에 없습니다. 그러다 보니 오직 자기 눈앞의 경제적 이익만을 생각하며 먹거리를 생산하고 소비하게 되는 것입니다.

건강보다 이윤을 중요시하게 된 사회

음식 문맹의 두 번째 원인으로 김종덕 교수는 먹거리의 상품화를 지적하였습니다. 먹거리가 상품화되면서 생산비 절감을 위해 먹거리가 대규모로 생산되기 시작했죠. 먹거리가 상품화되면 먹거리의 생산과 유통에서 가장 중요한 가치는 기업의 이윤이 됩니다. 소비자의 건강은 점점 더 뒷전으로 밀리게 되죠. 자본주의는 소비를 먹고 살기 때문에 먹거리가 상품화되면 기업은 무조건 소비를 조장할 수밖에 없습니다. 식품회사는 소비자가 더 많이, 더 빨리 먹을 수 있게 가공식품을 만들어내고, 그럴수록 소비자는 손수 요리할 필요를 느끼지 못하죠. 자신이 직접 요리를 해보지 않으면 재료에 대한 관심도 자연스레 떨어질 수밖에 없습니다. 더불어 무분별한 과식,

영양소의 과잉 섭취 등으로 인한 건강 문제도 발생하죠.

먹거리가 지나치게 싼 것도 음식 문맹의 이유입니다. 먹거리의 값을 낮추기 위해 기업이 선택하는 방법은 생산, 환경, 사회적 비용 등을 먹거리의 가격에 포함시키지 않고, 다른 부문에 떠넘기는 것입니다. 예컨대 저임금 국가 노동자에 대한 임금 착취, 농약 사용, 인공첨가물 사용, 자연 훼손, 하청업체에 대한 낮은 생산가 요구 등의 방법을 서슴지 않죠.

소비자의 입장에서야 먹거리 값이 쌀수록 반가울 것입니다. 하지만 음식의 값이 쌀수록 소비자는 음식의 중요성을 크게 느끼지 못하게 되죠. 중요성을 느끼지 않으면 음식에 대한 생각도 깊이 하지 않으며, 음식에 대해 감사하는 마음도 생길 수 없습니다. 싼 값에 산 음식은 냉장고에 처박혀 있다가 쓰레기통으로 직행하는 경우가 허다하죠. 여러분도 날마다 엄청난 양의 음식 쓰레기가 쏟아져 나온다는 것을 잘 알고 있을 것입니다. 식품기업은 이 모든 문제를 소비자의 선택이라는 명분을 내세우며 책임을 떠넘깁니다. 그들이 값싼 음식을 원하니 우리도 별 수 없다고 말이죠.

식품회사가 강요하는 이미지에 세뇌당하는 소비자들

먹거리의 탈정치화도 음식 문맹의 원인이라고 합니다. 먹거리의 탈정치화란 먹거리를 정치적인 논의 대상에서 제외시키고, 먹거리가 정치적인 관심사가 되지 않도록 사전에 예방하는 것을 말합니다.[9] 먹거리야말로 가장 정치적인 해결을 필요로 하는 문제인데 말이죠. 그렇게 하는 이유는 먹거리 생산 과정에서 생기는 여러 가지 문제점들을 은폐하기 위해서입니다. 그래서 식품회사는 온갖 수단을 이용해 자신들의 긍정적인 이미지를 대중들에게 각인시키려 하고, 자신들이 공급한 먹거리가 정치적 쟁점이 되는 것을 막는 것입니다. 소비자는 식품회사에서 제공하는 광고 속 긍정적이고 유쾌한 이미지에 속아 넘어가게 되죠.

편리성이라는 이유로 점점 인스턴트 식품이나 패스트푸드에 의존해가는 현대인의 식습관도 음식 문맹의 원인입니다. 패스트푸드에 익숙해진 현대인들은 점점 전통적인 맛을 잊어갑니다. 또한 가공식품에 들어 있는 복잡한 첨가물들 역시 사람들을 음식 문맹이되게 하죠. 게다가 음식에 들어 있는 수십 가지의 첨가물들은 우리가 잘 알지도 못하는 것들입니다. 복잡하고 어려울수록 소비자는더 알려고 하지 않죠.

식품회사와 이해관계로 얽혀 있는 언론은 이 문제에 대해 소극적이며, 국가는 책임을 회피하는 데 급급합니다. 국가는 국민의 식량권에 대한 책임이 있지만, 시장에 모든 것을 맡겨놓으려 하죠. 국가가 나서지 않으면 해결이 어려운 것이 먹거리 문제임에도 말이죠. 참으로 안타까운 일입니다.

....
9. 김종덕, 앞의 책, 134쪽 참고

04
음식 시민이 되자

앞에서 현대인들은 점차 자신이 먹고 마시는 음식이 어디서 어떻게 만들어졌는지에 관해 무관심한 음식 문맹이 되어가고 있다는 이야기를 했습니다. 아울러 음식 문맹들은 좋은 음식에 대해 관심이 없다고 말했죠. 진정한 의미의 좋은 음식은 지속가능한 생산 방식에 의해 만들어진 먹거리입니다. 다시 말해 자연에 해를 미치지 않는 방식으로 생산해야 한다는 뜻이죠.

소비자가 변해야 고장난 먹거리체계도 달라진다

좋은 음식은 지역에서 생산되고, 지역에서 순환되어 지역 경제 발전에 기여합니다. 소비자의 건강까지 생각하고, 유통에 드는 비용을 줄여서 판매로 인한 이익이 생산자에게 최대한 돌아가야 하죠.

지역을 위해서뿐만이 아니라, 개인적 차원에서도 좋은 음식을 먹어야 하지 않을까요? 음식만큼 우리의 건강에 직접적인 영향을 끼치는 것도 없으니까요. 좋은 음식은 우리 몸을 건강하게 만들지만, 자연에서 멀어진 방식으로 생산된 먹거리가 우리 건강에 좋을 리 없겠죠.

고장난 먹거리체계가 가져오는 문제들을 해결하려면 어떻게 해야 할까요? 당연히 소비자인 우리가 먹거리에 대해 지속적이고 깊은 관심을 기울여야 합니다. 소비자 스스로가 달라져야 한다는 뜻입니다. 다시 말해 그저 음식을 먹고 마시는 단순한 소비자에서 벗어나 지식 생산과 의사결정을 공유하는 시민, 즉 음식 시민이 되어야 한다는 뜻입니다. 시민이란 공적 쟁점에 대해 적극적으로 의견을 밝히며 참여하는 사람들을 말합니다. 따라서 음식 시민이란 음식 소비자인 동시에 먹거리의 지속가능한 지역 생산과 공동체를 지지하는 대안적 식량 네트워크를 구성하는 능동적인 참여자를 말하죠.[10]

값이 아닌 질로 음식을 따질 수 있는 자세의 필요성

음식 시민의 자질과 속성에 대해서는 학자들마다 달리 언급하고 있

....
10. 김종덕, 앞의 책, 202쪽 참고

지만, 김종덕 교수는 다음과 같이 정의하였습니다.

- 첫째, 음식을 중요하게 여긴다.
- 둘째, 음식을 감사하게 여긴다.
- 셋째, 음식에 대해 잘 안다.
- 넷째, 음식을 만들거나 다루는 기술을 가지고 있다.
- 다섯째, 음식과 올바른 관계를 맺고 있다.
- 여섯째, 지역의 경제, 사회, 환경 측면에서 지속가능한 식량체계의 구조화를 지지한다.

나쁜 음식을 만드는 사람들은 끊임없이 소비자 탓을 합니다. 소비자들이 원하니까 어쩔 수 없이 만들어낸다는 뜻입니다. 그렇기 때문에 우리는 더더욱 음식 시민으로서 음식을 값이 아닌 질로 따질 수 있어야 합니다. 또한 자신을 식량체계의 주체로 인식하고 행동할 필요가 있습니다. 그러자면 내가 먹는 음식이 내 몸에 미치는 영향, 우리 지역에 미치는 영향, 나아가 지구에 미치는 영향에 대해 항상 고민해야 하지 않을까요?

이제부터 햄버거, 피자, 탄산음료, 편의점 간편식 등 우리가 일상적으로 먹고 마시며 사랑해 마지않는 현대의 먹거리들에 대해 살펴볼 것입니다. 여러분도 지금까지는 아마 맛있으니까 또는 바쁜데 편리하다는 이유 등으로 먹어왔을 것입니다. 하지만 이들 음식의 본질에 관해서는 생각해본 적이 거의 없을 것입니다.

그래서 여러분과 함께 이들 먹거리 속에 담긴 여러 가지 이야기들을 살펴보려 합니다. 이를 통해 청소년 여러분이 앞으로는 좀 더 자신이 먹고 마시는 것들에 대해 책임 있는 자세를 갖게 되었으면 좋겠습니다. 음식 문맹에서 벗어나 자신이 먹고 마시는 것들에 대해 당당히 의견을 밝히고, 더 나은 방향을 선택하는 진정한 음식 시민으로 거듭날 수 있기를 바랍니다.

여러분은 평소 어떤 먹거리를 즐겨 먹나요? 물론 여러 가지가 있겠지만, 아마도 햄버거와 피자, 편의점 간편식과 탄산음료를 빼놓을 수 없을 것입니다. 이러한 것들은 입에 넣기가 무섭게 엄청난 감칠맛으로 우리의 미각을 사로잡습니다. 자꾸자꾸 먹고 싶게 만드는 마성의 맛이죠. 그런데 이러한 먹거리들은 단지 맛있기만 한 걸까요? 혹시 우리가 모르는 다른 비밀을 숨기고 있는 건 아닐까요? 그래서 여기에서는 우리의 입맛을 사로잡은 현대 먹거리에 담긴 이야기들을 해보려 합니다.

2부

끊을 수 없는 맛!
달콤하고 편리한
현대 먹거리의 비밀

우리를 중독시키는 발칙한 먹거리들에 관하여

01

맛에 길들여진다는 것

우리 인간이 맛을 느끼는 것은 원래 생존의 문제입니다. 과학자들은 인간이 맛의 감각을 습득한 것은 독초를 피하기 위해서였다고 주장합니다.

  예를 들어볼까요? 여러분은 쓴 맛을 느낄 때면 어떻게 되나요? 자연스럽게 얼굴을 찡그리거나 입 속에 있던 것을 뱉어낼 것입니다. 아기들 역시 단맛을 좋아하고 쓴맛은 거부하죠. 이러한 본능적 행위는 결국 우리 인간의 생존율을 높여주었습니다. 대체로 먹어도 되는 것들은 단맛이 나고, 독초는 쓰기 때문입니다. 정말 맛있는 것을 먹었을 때를 떠올려볼까요? 자신도 모르게 절로 미소가 번질 것입니다. 그렇습니다. 맛있는 것을 먹고자 하는 것은 우리 인간의 본능입니다. 그러나 맛있기만 하면 될까요? 우리 주변에는 오직 '맛'으로만 우리를 길들이는 먹거리들이 넘쳐납니다. 한번 맛보면 잊을 수 없고, 자꾸만 생각나는 그런 맛이죠. 그런 먹거리들에 한번 맛을 들이면 도저히 끊어내기가 어렵습니다. 애써 외면하려 해도 자꾸자꾸 먹고 싶게 만드니까요.

평생을 넘어 자자손손 영향을 미치는 입맛

어떤 이들은 한 개인의 식습관은 대체로 태어나서 처음 몇 해 동안에 결정된다고 하고, 또 어떤 이들은 태어나기도 전에 결정된다고 합니다. 태어나기 전부터 입맛이 결정된다고 하니 좀 섬뜩하기는 합니다. 필라델피아에 있는 모넬 케미컬 센스 센터의 연구원 줄리 메넬라 팀은 임신 중에 엄마의 식습관이 태아에게 영향을 준다는 연구 결과를 발표하기도 했습니다. 세 살 버릇 여든 간다는 말도 있는데, 맛에 대한 감각만큼은 태어나기도 전에 결정되는 모양입니다. 사실 어린 시절 가족의 식습관이 일생에 걸쳐 영향을 미친다는 점에 대해서는 반론을 제기하기 어렵습니다. 물론 개중에는 정말 '독한' 사람도 있어서 가끔 자신의 식습관을 완전히 뜯어고치기도 하지만 말이죠.

특정한 질병이 있을 때면 병원에서 가족력을 체크해봅니다. 질병의 원인이 가족 간 유전적 요인일 수도 있지만, 가족끼리는 식습관이 거의 같기 때문에 비슷한 질병에 걸린다는 연구 결과도 있기 때문입니다. 최근에는 후성유전학의 관점에서 식습관에 의해 유전자가 달라질 수 있고, 이렇게 달라진 유전자가 다음 세대에도 영향을 미친다는 주장이 제기되고 있습니다. 식습관은 개인의 일생뿐만 아니라 대를 이어서 영향을 준다는 뜻이죠. 내가 즐겨 먹는 음식이 나 자신뿐만 아니라 후대에까지 영향을 미친다니. 먹거리 선택에 좀 더 신중을 기해야 할 이유가 한 가지 더 생긴 것 같지 않나요?

패스트푸드, 우리를 맛의 노예로 만들다

우리의 입맛이 일생을 넘어 대대손손 영향을 미친다니! 참으로 놀라운 일입니다. 그렇기 때문에 '맛에 길들여진다'는 것은 더더욱 심각한 문제인 것입니다. 이러한 길들임은 어린 왕자가 여우를 길들이는 것 같은 낭만적인 길들이기가 아니라 맛의 노예로 만들어버리는 길이니까요. 물론 어쩌다 한 번의 일탈로 끝난다면 괜찮습니다. 하지만 대체로 그 어쩌다 한 번이 쌓이고 쌓여서 결국 습관이 되어버리기 십상이죠. 패스트푸드나 정크푸드를 즐기는 식습관도 마찬가지입니다. 처음에는 "어쩌다 한 번 먹는 건데 뭐 어때!" 하면서 대수롭지 않게 받아들입니다. 그러나 그 어쩌다 한 번이 쌓이고 쌓여 우리 몸을 점점 길들이기 때문에 무서운 것이죠.

　패스트푸드 프랜차이즈들은 소비자를 길들이기 위해 끊임없이 연구를 거듭한다고 합니다. 특히 그들의 주요 타깃은 어린아이들이죠. 아이들은 달짝지근한 것을 좋아하고, 그런 것을 먹다 보면 그 맛에 쉽게 길들여집니다. 어린이들이 열광하고 좋아하는 '장난감'

을 메뉴에 추가하여 어린 고객들을 끊임없이 유혹하고 있는 주된 이유이기도 합니다. 때로는 햄버거를 팔려는 것인지, 장난감을 팔려는 것인지 헷갈릴 정도로 장난감 광고에 열을 올리기도 하죠. 장난감의 유혹까지 더해져 길들여진 햄버거의 맛은 성인이 되어서도 여전히 치명적입니다.

바야흐로 '먹방'의 시대입니다. 1인 미디어 전성시대가 도래하면서 하루에도 몇 명씩 먹방 스타들이 속속 탄생하고 있으며, 공중파에서도 '먹방'이 단연 대세입니다. 누군가는 맛있는 음식을 먹고 그 감동을 얼굴 가득 실감나게 표현하며 '먹방' 스타로 등극합니다. 최근에는 한 걸그룹 멤버가 TV 프로그램에서 곱창을 맛깔나게 먹는 모습이 전파를 타면서 전국에 곱창대란을 일으키기도 했습니다. 즉 누군가 방송에서 맛있는 걸 먹으면, 다음날 그 음식이 동이 나버리는 식이죠.

자본주의는 태생적으로 '소비'에 기반하고 있습니다. 그렇기 때문에 끊임없이 대중들의 '소비'를 조장할 수밖에 없습니다. 소비가 멈추면, 자본주의도 성장을 멈추니까요. 그래서인지 언제부터인가 이 자본주의의 시장이 우리에게 끊임없이 '먹어주기'를 요구하고 있는 것 같습니다. TV를 틀면 온통 먹을 것 광고에, 온갖 '먹방'이 쏟아집니다. 아이러니한 점은 다른 채널에서는 또 열심히 다이어트 식품을 판매하고 있다는 거죠. 한쪽에서는 먹으라고 난리, 또 다른 한쪽에서는 살을 빼라고 난리입니다. 하긴 먹은 만큼 빼야 또 먹지 않을까요?

아마 여러분도 '정크푸드(junk food)'라는 말을 들어보았을 것이다. '정크(junk)'는 쓰레기라는 뜻이니 해석하면 결국 쓰레기 음식이라는 말이 된다. 정크푸드는 패스트푸드나 인스턴트 식품처럼 높은 열량 대비 영양소는 상대적으로 부족한 식품을 가리킨다. 가장 큰 문제는 뭐니 뭐니 해도 비만을 초래하는 지나치게 높은 열량일 것이다. 아울러 패스트푸드나 인스턴트식품은 대체로 높은 염분을 함유하고 있고, 게다가 온갖 종류의 식품첨가물이 들어가 있는 것도 큰 문제이다. 우리가 일상적으로 흔히 접하고 있는 탄산음료, 스낵류, 햄버거와 같은 패스트푸드 등이 정크푸드로 주로 분류되는 것들이다.

정크푸드는 이러한 지방과 염분, 식품첨가물 등 때문에 비만과 성인병의 적이라는 세간의 비난을 면치 못하고 있다. 그럼에도 생산업체들은 건강에 이로운 쪽으로 음식의 질을 높이기 위한 연구 개발보다는 소비자를 현혹하는 마케팅에 주력하는 모양새다. 예컨대 아이들이 현혹될 만한 캐릭터 장난감이나 사은품 등을 앞세워 어린 소비자들을 공략함으로써 이들의 입맛을 길들이고 있는 것이다. 음식의 질에 관련해 쏟아지는 다양한 비난 속에서도 정크푸드를 판매하는 업체들은 가격 경쟁력과 편리성 등을 앞세워 날로 유통망을 확장해 나가고 있는 실정이다.

02
맛있는 햄버거의 섬뜩하고 불친절한 두 얼굴

바야흐로 혼밥의 시대입니다. 각자 바쁜 일상을 보내다 보니 요즘에는 온 가족이 함께 모여 도란도란 이야기를 나누며 식사를 하는 것조차 여의치 않은 것 같습니다. 특히나 우리 학생들은 학교로 학원으로 바쁘게 돌아가는 일상 속에서 허겁지겁 홀로 끼니를 때우기일쑤죠. 그런데 여의찮은 주머니 사정에 가볍게 그리고 든든하게한 끼를 때우기에 햄버거만큼 은혜로운 음식도 없을 것입니다.

햄버거 전성시대

야간 자율학습 폐지로 석식도 폐지되는 학교가 많아지면서, 햄버거는 바쁜 학생들이 간단히 한 끼를 해결할 수 있는 고마운 음식이 되었습니다. 또한 "선생님, 맛있는 거 사주세요!"라고 조르는 학생들에게 교사들이 한 번씩 선심을 베풀 때 가장 부담 없이 선택하게 되는 메뉴 또한 바로 햄버거죠. 이렇듯 패스트푸드의 대명사인 햄버거는 어느덧 우리의 일상에서 빼놓을 수 없는 메뉴로 깊숙이 자리 잡았습니다.

통계청 자료(2017)에 따르면 주 3회 이상 패스트푸드를 섭취하는 학생의 비율이 무려 20.5%에 달한다고 합니다. 가히 햄버거는 국대급 패스트푸드라고 표현해도 과언이 아닐 것입니다. 여행 중에 현지 음식이 영 입에 맞지 않으면 제일 먼저 찾게 되는 것 또한 햄버거입니다. 왜냐하면 어디에서 사 먹든 간에 대충 어떤 맛인지 짐작할 수 있으며, 또 거의 기대한 만큼의 맛을 얻을 수 있어 실패할 가능성도 없으니까요.

이제 햄버거는 우리나라뿐만 아니라, 전 세계적으로 가장 유명한 음식이자, 가장 많은 나라의 사람들이 보편적으로 즐기는 음식이 되었습니다. 21세기를 대표하는 음식이라고 말해도 과언이 아니죠. 한때 미국 문화의 첨병으로, 천박한 자본주의의 상징처럼 여겨지던 음식이었지만, 햄버거는 결국 최후(?)의 승자가 된 것 같습니다.

거대 자본주의의 상징이 된 햄버거

전 세계에서 햄버거를 가장 많이 먹는 나라는 어디일까요? 예상했겠지만, 바로 미국입니다. 미국인이 연간 소비하는 햄버거는 130억

개가 넘는다고 하는데, 이를 한 줄로 세우면 지구를 무려 32바퀴나 돌 수 있다고 합니다. 여러분도 잘 알고 있는 맥도날드는 미국의 대표적인 패스트푸드 프랜차이즈로 전 세계 곳곳에 체인점을 둔 거대한 다국적 기업이기도 합니다. 맥도날드는 패스트푸드 햄버거의 대명사일 뿐만 아니라, 미국의 자본주의와 세계화를 상징하는 브랜드가 되었습니다.

미국에 이어 두 번째로 큰 맥도날드 시장은 의외로 자국 음식에 대한 자부심이 높은 프랑스입니다. 머니투데이에서 프랑스 식품컨설팅업체인 '지라 콩세이'를 인용하여 보도한 뉴스를 보면 2017년 햄버거 판매량은 약 15억 개로 사상 처음으로 프랑스 전통 샌드위치인 잠봉뵈르[11](12억 개)의 판매량을 넘어섰다고 합니다. 2016년을 기준으로 프랑스 맥도날드의 매출액은 47억 유로(6조2,000억 원)이며, 매장 수는 1,400여 개에 이릅니다.

맥도날드와 같은 패스트푸드 체인점의 호황 탓에 최근에는 파리의 상징인 노천카페들이 하나 둘 문을 닫는 지경에 이르렀다고 합니다. 노천카페는 19세기 초 지방에서 올라온 이들이 레스토랑보다 값싸게 음료와 음식을 즐길 수 있었던 곳이었습니다. 저렴한 가격에 블루칼라 노동자부터 전문직, 예술인, 여행객 등 다양한 사람들이 만남의 장소로 활용하고, 두세 시간씩 이야기를 나누며 식사를 즐기는 프랑스 문화의 상징이죠.

....
11. jambon beurre · 햄을 속에 넣은 바게트빵

북한에도 맥도날드 매장이 있을까? 아직은 맥도날드 매장은 없는 것으로 알려졌다. 그러나 '고기겹빵'이라고 불리는 햄버거의 인기는 이미 북한에서도 대단하다고 한다.

2018년 도널드 트럼프 대통령과 김정은 국무위원장이 싱가포르에서 정상회담을 했다. 북미 간 정상회담이 성사된 것만으로도 엄청난 화제였지만, 그 이상으로 화제가 되었던 것이 바로 햄버거였다. '트럼프-김정은 햄버거'라고 이름붙인 햄버거가 싱가포르 모 호텔에서 불티나게 팔렸으며, 정상회담 오찬에서 과연 두 사람이 함께 '햄버거'를 먹을 것인가를 두고 세계인의 관심이 쏠리기도 했다.

북미 정상회담 전에 소문난 '햄버거 마니아'인 트럼프 대통령이 김정은 국무위원장과 햄버거를 같이 먹고 싶다고 트윗을 한 것이 알려지면서 관심이 높아진 것이다. 비록, 두 사람의 햄버거 오찬은 불발되고 말았지만, 이제는 과연 언제 평양에 맥도날드 매장이 생길 것인가를 두고 세계인의 관심이 쏠리고 있다고 한다. 만약 북한에 맥도날드 매장이 들어온다면 한반도에 지속가능한 평화가 온다는 것으로 해석할 수 있으며, 다시 말해 세계인을 두렵게 하는 핵무기의 공포에서 벗어날 수 있다는 뜻이기 때문이다.

그러나 그것도 이제 점점 옛말이 되어가고 있습니다. 현지화에 성공한 패스트푸드 프랜차이즈와 배달문화의 정착으로 인해 노천카페가 점차 그 설 자리를 잃어가고 있으니까요. 햄버거의 강력한 힘은 마침내 자존심 강한 프랑스의 문화마저 바꿔가고 있는 것입니다.

혹시 여러분은 '빅맥지수'라는 말을 들어보았나요? 맥도날드의 대표 버거인 '빅맥'의 가격으로 세계 여러 나라의 물가를 비교한 것을 '빅맥 지수'라고 합니다. 전 세계에 맥도날드 매장이 없는 나라를 찾기가 힘들 정도로 많은 나라에 퍼져 있어서 물가를 비교하는 지표로 가장 적절하기 때문이죠. 햄버거는 이미 세계를 점령하였습니다. 그중 세계에서 가장 많은 지점을 가진 맥도날드 햄버거는 1초에 75개가 팔린다고 합니다.

햄버거가 보여주는 자본주의의 합리성

전 세계인의 입맛을 장악한 맥도날드 햄버거는 이제 단순한 먹거리 이상의 존재감을 자랑하고 있습니다. 이제 맥도날드 햄버거는 현대 사회를 설명하는 사회학 용어로도 종종 사용됩니다.

여러분은 혹시 '맥도날드 이론'에 관해 들어본 적이 있나요? 미국의 언론인인 토머스 프리드먼이 《렉서스와 올리브 나무》라는 책에서 주장한 내용으로 달리 말하면 분쟁 방지에 대한 '골든 아치 이론(Golden Arches Theory of Conflict Prevention)'이라는 것입니다. 무슨 뜻이냐면 맥도날드가 진출해 있는 국가들끼리는 전쟁을 하지 않는다는 이론이죠.

골든 아치란 맥도날드의 로고를 말합니다. 여러분도 맥도날드 매장에 붙어 있는 로고 속에 박힌 커다란 노란색 'M' 자를 본 적이 있을 거예요. 프리드먼은 맥도날드 매장이 생긴다는 것은 서구 자본주의를 수용하고 그만큼 개방화가 진행되었으며, 한 끼에 5달러 정도를 쓸 수 있는 중산층이 생겼다는 것을 의미하므로 그런 나라의 국민은 전쟁을 원하지 않는다고 주장하였습니다.[12]

이 밖에도 햄버거는 현대 자본주의 사회의 특성을 적나라하게 드러내는 용어로도 사용되고 있습니다. 맥도날드 햄버거와 관련된 또 다른 사회학 용어로 '맥도날디제이션(McDonaldization)', 즉 '맥도날드화'라는 말이 있습니다.

사회학자 조지 리처(George Ritzer) 교수가 1993년 출간한 사회비평서 《맥도날드 그리고 맥도날드화(The McDonaldization of Society)》에서 사용한 말인데, 맥도날드로 대표되는 패스트푸드 시스템이 효율성을 앞세워 우리 사회를 지배하고 있는 현상을 말하죠. 리처는 맥도날드화의 특징을 효율성, 예측가능성, 계산가능성, 통제가능성의 4가지 원칙으로 설명하면서, 이것이 바로 현대사회의 사회 · 문화적 특성을 만들고 있다고 하였습니다.

----

12. 이 골든 아치 이론은 러시아 · 그루지아 전쟁, 이스라엘 · 레바논 충돌 후에는 그 의미가 퇴색되어, 이후에는 '델(Dell)의 갈등 예방 이론'으로 수정되었다. 즉 델컴퓨터가 보급된 곳에서는 전쟁이 일어나지 않는다는 이론이다. 이 이론에 따르면 델컴퓨터가 공급되고 있다는 것은 컴퓨터와 인터넷을 통한 체제 개방이 이루어졌다는 뜻이므로 그런 사회에서는 전쟁이나 분쟁이 일어나지 않는다는 것이다.

- **효율성**이란 상품을 빠르게 만들어서 파는 것이다. 맥도날드에는 주문은 30초 안에, 음식은 5분 안에 나오게 하고, 15분 만에 먹고 나가게 하라는 규칙이 있다고 한다. 주문, 조리법, 서비스 과정 등 모든 과정을 매뉴얼로 만들어 효율성을 극대화하는 것이다.
- **계산가능성**이란 모든 것은 측정이 가능하고 효율적인지 평가할 수 있어야 한다는 것이다. 조리의 양 및 시간, 비용, 판매량, 직원들의 업무 성과 등을 양적으로 평가하고 계산할 수 있어야 한다. 그렇기 때문에 맥도날드에서는 가격을 매길 때, '빅'과 '스몰'로만 이야기할 뿐 그 '질'을 따지지 않는다.
- **예측가능성**이다. 소비자가 예측하는 맛과 서비스를 제공해야 한다는 것이다. 그렇기 때문에 우리는 세계 어디를 가도 같은 맛의 햄버거를 먹을 수 있고, 비슷한 분위기의 인테리어에서 안정감을 얻을 수 있다. 사람들은 누구나 낯선 곳에서의 변화와 선택에 두려움을 갖기 때문에 익숙한 것을 찾는다.
- **통제가능성**이다. 주문, 조리, 서비스, 직원 관리 등 모든 과정이 매뉴얼에 따라 통제되어야 한다는 것이다.

이상의 설명으로 볼 때, 맥도날드화는 모든 가치를 합리성에 두고 있음을 알 수 있습니다. 자본주의 사회에서 합리성이란 결국 최대한 많은 이익을 얻는 것입니다. 요즘은 패스트푸드 업체뿐만 아니라, 우리 사회 곳곳에서 **효율성의 극대화**라는 명분으로 '맥도날드화'를 추구하고 있죠. 하지만 지나친 매뉴얼화는 그때그때 상황에 따른 유연성과 융통성을 저해함으로써 오히려 불합리성을 초래하기도 합니다. 다변화 사회에 대한 적응력을 떨어뜨리는 셈이죠. 또한 리처 교수가 비판했듯이, 맥도날드화는 점원과 고객은 물론, 점원과 점주의 관계까지도 오직 매뉴얼에만 의존하게 만들기 때문에 비인간화의 폐해마저 초래하고 있습니다.

고작 햄버거로 사회학을 논하다니. 햄버거는 20세기를 넘어 21세기에도 여전한 시대의 아이콘으로 굳건히 자리매김하고 있습니다. 아울러 현대사회 전반에 엄청난 영향력을 행사하고 있죠.

햄버거야, 넌 어디에서 왔니?

전 세계인의 입맛을 사로잡은 것으로도 모자라, 현대 자본주의의 상징이 되어버린 햄버거. 대체 이 대단한 녀석은 누가 처음 만들었을까요? '햄버거' 하면 누구나 '미국'을 떠올리지만, 엄밀히 말해 '햄버거'는 미국의 전통 음식은 아닙니다. 그럼 '햄버거'는 어디에서 왔을까요? 눈치 빠른 사람들은 '햄버거'의 발음이 독일의 '함부르크'와 닮았기 때문에 독일에서 유래되었다고 추리할지도 모르겠군요. 햄버거의 현대적 기원을 따지면 맞는 말입니다. 그러나 음식이라는 것의 기원을 따져보면 항상 세상을 돌고 돌면서 그 나라의 상황이나 문화에 맞게 적응해가는 게 순리입니다.

《음식의 언어》라는 책을 쓴 댄 주래프스키는 이렇게 말했죠. "여러 민족이 문화적 보물이거나 한 것처럼 자기들 것이라고 주장하는 요리의 유래에서 우리가 배울 점은 우리 모두가 이민자"라고요. 그러다 보니 돌고 돌아 현지화된 음식들의 기원을 따지다 보면 때론 아주 엉뚱한 곳에서 기원을 발견하기도 합니다. 주래프스키에 의하면 케첩은 원래 발효된 생선소스에서 비롯되었다고 합니다. 토마토 케첩과 생선소스, 참 낯선 조합이죠?

말안장 밑에서 태어난 햄버거 패티

'햄버거'의 기원도 따지다 보면 돌고 돌아 동양에서 비롯되었다고 볼 수 있습니다. 햄버거의 중심을 '패티(patty)'라고 할 때 그렇다는 이야기입니다. 물론 '패티'라는 것이 고기를 갈아서 만든 요리의 총체라고 생각하면 좀 더 오래전으로 거슬러 올라가야 할 것입니다. 왜냐하면 고대 이집트인들도 고기를 갈아 먹었다는 기록이 남아 있으니까요.

적정선에서 유래를 따지면, 햄버거의 패티는 몽골에서 시작되었다고 보는 게 타당할 것 같습니다. 유목 생활을 하던 몽골인들은 고기를 부드럽게 하려고 말안장 밑에 고기를 넣어 놓은 채 하루 종일 깔고 다녔다고 합니다. 그렇게 해서 부드러워진 생고기에 각종 양념을 해서 먹었는데, 그것이 바로 패티의 기원이라는 거죠. 말안장으로 다져진 이 고기는 13세기 칭기즈 칸이 유라시아 대륙을 정벌할 때 며칠씩 쉬지 않고 말을 달리면서도 먹을 수 있는 음식으로 각광받았고, 그 손자인 쿠빌라이 칸이 모스크바를 점령하면서 러시아에 전해졌다고 합니다.

당시 바람처럼 나타났다 다시 바람처럼 사라지는 것으로 유명했던 몽골의 기마부대는 유럽인들에게 공포 그 자체였는데, 이들이 말 잔등에서 고기를 꺼내 먹는 것을 보고 유럽인들은 또 한 번 큰 충격을 받았다고 합니다. 유럽인들은 터키나 퉁구스 족 사람들을 타타르인이라 불렀는데, 그들이 보기에는 몽골인 또한 타타르인으로 분류되었죠. 여기서 타타르는 그리스 로마 신화에 나오는 지하 세계의 심연 또는 그것을 상징하는 태초의 신인 '타르타로스'에서 따온 것이라고 합니다.

아무튼 이렇게 러시아에 전해진 몽골인들의 음식문화는 러시아인들에 의해 생고기를 갈아서 다진 양파와 달걀을 넣고 양념해 먹는 '타르타르 스테이크(steak tartare)'로 발전했습니다. 이후 러시아의 타르타르 스테이크는 17세기 독일 최대의 항구도시 함부르크로 전해졌습니다. 그리고 순식간에 함부르크 상류층의 입맛을 사로잡으며 가장 인기 있는 음식이 되었죠.

고기를 갈아서 양념을 하면 질 낮은 고기로도 맛을 낼 수 있습니다. 그러다 보니 서민들도 쉽게 접할 수 있는 음식으로 변모되어 지금까지의 타르타르 스테이크와는 전혀 다른 음식으로 재탄생했죠. 그렇게 이 음식은 '함부르크 스테이크'로 이름을 바꾸어 선원들을 통해 뉴욕으로 전파되었습니다.

19세기 초반 독일 이민자들이 미국으로 건너오면서 소고기를 갈아서 양념한 이 요리가 전해졌고, 1826년 뉴욕의 델모니코스 레스토랑에서 '햄버거 스테이크'라는 이름으로 판매되기 시작했다고 하는데, 당시 가격은 10센트였다고 합니다. 이렇게 보니 오늘날 우리에게 친숙한 햄버거가 되기까지 햄버거의 과거사도 참으로 파란만장했던 것 같네요.

현대식 햄버거의 시작

햄버거의 시작에 관해서도 설이 많지만, 현재와 같은 모습의 햄버거가 된 데에도 여러 가지 설이 존재합니다. 그중 하나는 바로 찰리 나그린이라는 소년에 관한 것입니다. 1885년 위스콘신 주의 세이무어에서 열린 박람회에서 15살 소년 찰리 나그린이 미트볼을 납작하게 만들어서 빵 사이에 끼워 팔았다고 합니다. 이후 그는 '햄버거 찰리'로 불리며 매년 박람회에서 햄버거를 팔았고, 세이무어 시에서는 햄버거 명예의 전당을 짓고 매년 첫 번째 토요일에 햄버거 페스티벌과 햄버거 먹기 대회 등을 개최한다고 해요.

햄버거에 대한 두 번째 설은 오하이오 주 아크론의 프랭크와 찰스 멘체스 형제가 그 주인공입니다. 이들은 1885년 뉴욕 주의 햄버그에서 열린 박람회에서 쇠고기를 이용한 패티를 만들어 빵 사이에 끼워 팔았는데, 마침 박람회가 열린 지역의 이름이 '햄버그'여서 햄버거라고 부르게 되었다는 거죠. 뉴욕 주의 햄버그 시는 햄버거의 본고장임을 내세워 1985년에 햄버거 100주년 기념행사를 열기도 했습니다.

세 번째는 오클라호마에서 오스카 웨버 빌비라는 사람이 미국의 독립기념일인 7월 4일에 아내가 직접 구운 번 사이에 패티를 넣어 판 것이 햄버거의 기원이라는 설입니다. 그는 매년 독립기념일마다 햄버거를 만들어 사람들에게 대접했고, 아들 레오와 함께 툴사에 '웨버의 맛있는 루트 비어'라는 가판대를 열어 본격적으로 햄버거를 팔았다고 합니다.

위의 이야기들 중 과연 어느 것이 진짜 시작인지 정확히 알 순 없지만, 적어도 햄버거는 어느 한 사람이 하루아침에 뚝딱 개발해서 내놓은 음식이 아닌 것만은 분명한 것 같네요. 여러 가지 기원들의 공통점을 살펴보면 햄버거란 결국 언제 어디서나 간편하게 먹을 수 있는 음식이며, 누구든 맛있게 먹을 수 있는 대중적인 음식을 지향하고 있다는 점입니다.

햄버거의 대중화[13]

지금의 햄버거는 자타공인 인기 메뉴이지만, 단숨에 오늘날과 같은 인기를 얻은 건 아닙니다. 1910년 시카고의 제빵업자 알렌산더 J. 무다라는 사람이 독이 든 버거를 먹고 죽는 일이 발생했고, 1년 후 비슷한 사건이 또 벌어지면서 당시 사람들은 햄버거는 독약을 숨길 수 있는 위험한 음식이라고 인식하게 되었죠. 또한 햄버거 패티는

---

13. 에릭 슐로서, 찰스 윌슨의 《맛있는 햄버거의 무서운 이야기》 18~35쪽을 참고하였다.

부스러기 고기로 만들었기 때문에 덩어리 고기에 비해 질이 낮은 음식이라는 인식이 강했습니다.

햄버거에 대한 이러한 인식을 획기적으로 바꾼 사람은 청소부 출신 즉석 요리사인 월트입니다. 캔자스 주 위치타에 작은 햄버거 가게를 낸 월트는 손님들이 보는 앞에서 버거를 바로 구워냄으로써 석쇠와 고기가 깨끗하다는 것을 확인하게 했죠. 작고 하얀 중세 요새처럼 건물을 짓고, 이름도 '화이트 캐슬'이라고 붙였습니다.

그리고 월트는 미네소타 대학의 한 특이한 실험을 후원했습니다. 의대생 한 명이 13주 동안 화이트 캐슬의 버거와 물 이외에는 아무것도 먹지 않는 실험을 진행한 거죠. 실험 결과 학생은 생존했을 뿐만 아니라 건강했습니다. 이로 인해 햄버거에 대한 사람들의 인식은 조금 달라질 수 있었죠. 그러나 햄버거의 주 고객층은 여전히 동부와 중서부 노동자들이었습니다. 여자와 아이들을 비롯한 가족 고객을 위한 외식 메뉴는 아니었죠.

그러다가 햄버거가 전국구 입지를 다지게 된 건 뭐니 뭐니 해도 맥도날드의 공로가 지대합니다. 햄버거를 대중적인 외식 메뉴로 떠오르게 만든 사람은 맥도날드 형제와 한 외판원이었습니다. 당시 남부 캘리포니아에는 새로운 시대가 열리고 있었죠. 로스앤젤레스의 급성장과 맞물려 도시화가 급속도로 진행되면서 서민들도 차를 살 수 있는 시대가 되었습니다. 자동차는 사람들에게 자유를 만끽하게 해주며 '빠른 것이 좋다'는 문화를 전파시켰죠. 드라이브 스루(Drive-Through) 은행에 이어 수많은 드라이브 스루 식당이 생겨난 것도 이 무렵입니다. 당시 사람들은 모든 것을 차 안에서 해결하고 싶어 했습니다. 심지어 먹는 것조차 말이죠.

이러한 사회적 분위기 속에서 맥도날드 형제는 '맥도날드 브라더스 버거 바 드라이버인'을 열었습니다. 당시에 드라이브 스루 식당의 주 고객은 젊은 남성이었기에 '카홉'이라고 불리는 젊은 웨이트리스들을 고용했죠.

그런데 예나 지금이나 알바생 구하기가 점주들의 가장 큰 고충이었나 봅니다. 더 나은 직장을 찾아 끊임없이 떠나는 카홉과 조리사를 보충하는 데 골머리를 앓던 맥도날드 형제는 고민 끝에 모든 카홉들을 내보내고, 새로운 시스템을 도입했죠. 즉 모든 것을 셀프서비스가 가능한 시스템으로 바꾼 것입니다. 메뉴에 있던 품목의 대부분을 없애고, 나이프나 스푼, 포크가 필요한 음식은 모두 사라졌습니다. 식기도 모두 쓰고 버리는 종이컵과 종이접시로 바꾸었죠. 새로운 음식은 모두 한 손에 들고 운전하면서 간편하게 먹을 수 있는 것들이었습니다.

주방의 방식도 바뀌었습니다. 여러 요리를 할 줄 아는 숙련된 요리사가 아니라 똑같은 음식만 반복해서 만드는 조리사 몇 명을 고용했죠. 이들은 마치 공장의 조립라인에 투입된 노동자처럼 하루 종일 단순 작업만 반복하면 되었습니다. 손님은 차에서 내려 줄을 서서 스스로 음식을 받아가야 했고, 카운터에도 젊은 카홉들 대신에 청년들을 고용했습니다. 그러자 카홉들과 시시덕거리던 남자 고객들 대신에 가족 단위 손님들이 맥도날드 형제의 새 식당을 찾기 시작했죠.

　셀프서비스 시스템을 적용한 덕분에 음식 값이 내려가자 노동자들은 가족 모두를 데리고 식당에 와서 외식을 할 수 있게 되었습니다. 이에 맥도날드 형제는 많은 돈을 벌게 되었죠. 만약 이들 형제가 레이 크록이라는 외판원을 만나지 못했다면 아마도 그냥 여기서 만족하고 더 나아가지 못했을지도 모릅니다.

언제 어디서 먹건 같은 맛, 같은 품질

맥도날드의 이 시스템을 미국 전역으로 퍼지게 만든 사람은 바로 밀크셰이크 믹서기 외판원이었던 레이 크록(Ray Kroc)이라는 사람입니다. 크록은 형제를 설득한 끝에 맥도날드의 '스피디'한 시스템과 '맥도날드'라는 이름의 사용권을 취득하여, 프랜차이즈라는 획기적인 방식으로 새로운 식당을 늘려갔죠. 이 프랜차이즈들은 철저하게 똑같음을 지향했습니다. 그래서 소비자들은 어느 매장이건 언제나 똑같은 상품을 주문해서 먹을 수 있었고, 기대한 맛을 그대로 누릴 수 있었죠. 이것이야말로 햄버거를 비롯한 수많은 패스트푸드 프랜차이즈들의 성공 비결이기도 합니다. 맥도날드의 성공으로 인해 많은 회사들이 프랜차이즈 시스템을 도입하게 되죠. 오늘날 너무나 대중화된 영업 방식인 프랜차이즈 시스템을 유행시킨 것이 바로 '맥도날드'인 것입니다.

　산업혁명 이후 거의 모든 산업에서 '분업화'가 일상화되었습니다. 생산성은 획기적으로 높아졌지만, 그 과정에서 매일 똑같은 일을 반복적으로 해야 하는 노동자들은 거대한 기계의 부품으로 전락하고 말았죠. 찰리 채플린이라는 유명 코미디언은 영화 〈모던 타임즈〉에서 이러한 산업화에 따른 인간소외 세태를 풍자하기도 했습니다. 사실 인간소외 문제는 산업화가 초래한 가장 큰 문제이기도 합니다. 공장의 조립라인처럼 분업화되어서 만들어지는 패스트푸드들은 어쩌면 우리를 음식으로부터 소외시키고 인간을 대상화하고 있는 것은 아닐까요?

"음식은 정성이야!"라고 입버릇처럼 말씀하시던 우리 어머니, 할머니들의 지극한 정성과 손맛까지는 아니더라도, 장인정신 하나로 수십 년간 작은 식당을 운영하고 있는 숨은 고수의 자존심이 걸린 음식까지는 아니더라도 영혼 없는 음식으로 청춘들의 허기를 달래서야 쓰겠나 싶기도 합니다. 그래도 햄버거가 맛있는 건 부인할 수 없는 사실입니다. 그래서 지금부터 햄버거 맛의 비밀은 무엇인지 살펴보려 합니다.

질병의 위협도 막지 못한 맛의 유혹

여러 가지 사회적 이슈 중에서도 가장 많은 사람들의 관심을 끄는 뉴스는 단연 먹거리에 관한 것입니다. 우리 인간은 어느 누구도 의식주에서 자유로울 수 없고, 특히 음식은 가장 원초적인 욕구와 관련되다 보니 그럴 수밖에 없는 것 같습니다.

2017년 대한민국을 떠들썩하게 한 뉴스가 하나 있습니다. 바로 '햄버거 병'에 관한 것입니다. 4세 아이가 햄버거를 먹은 후 순식간에 신장의 90%가 손상되는 햄버거병에 걸려서 배에 구멍을 뚫고 10시간씩 투석을 받으며 투병하고 있다는 뉴스였습니다. 아이의 정확한 병명은 용혈성 요독 증후군(hemolytic uremic syndrome; HUS, 溶血性尿毒症候群)이었죠. 이름도 생소하고 발음하기조차 어려운 이 병은 장출혈성 대장균 감염증의 일종으로 덜 익은 고기를 먹으면 생기는 병입니다. 이름하여 햄버거병이죠.

하필 왜 이토록 끔찍한 병이 '햄버거병'이 된 걸까요? 이 병이 '햄버거병'이라는 별칭으로 널리 알려진 건 1982년 미국에서 덜 익힌 패티가 들어간 햄버거를 먹고 이 병에 걸렸다는 주장이 나왔기 때문입니다. 의료계에 따르면 HUS는 고기를 잘 익히지 않고 먹거나, 살균되지 않은 우유 또는 오염된 야채 등을 섭취하면 걸릴 수 있다[14]고 합니다.

햄버거의 입장에서 생각하면 좀 억울할 만도 합니다. 고기가 들어간 음식이면 다 이 병에 걸릴 가능성이 있건만, 하고많은 이름 중에 하필 '햄버거병'이 웬 말인가요? 그렇지만 햄버거 패티에는 대체로 상품가치가 떨어지는 부스러기 고기들이 주로 사용되고, 그 과정에서 불순물이 섞일 수도 있다는 점을 감안하면 햄버거에 쏟아진 비난과 우려에 대해 햄버거가 조금쯤 죄책감을 가져도 좋지 않을까요?

....
14. 햄버거병 [Hemolytic Uremic Syndrome] (한경 경제용어사전, 한국경제신문/한경닷컴)

아무튼 이 병에 관한 뉴스가 쏟아질 때만 해도 마치 당장이라도 햄버거 가게들이 몽땅 문을 닫아야 할 것 같았지만, 햄버거는 그리 호락호락한 상대가 아니었습니다. 물론 잠깐은 매출에 타격을 받았을 것입니다. 햄버거 병이 무서워 앞으로는 햄버거를 먹지 않겠다며 굳게 결심한 사람도 더러 있었을 테니까요. 그러나 여러분도 알다시피 햄버거 가게들은 여전히 건재합니다.

햄버거가 건재한 가장 중요한 이유는 바로 우리 모두가 이미 그 맛에 길들여져 있기 때문이죠. 또한 각종 미디어를 통해 쏟아지고 있는 수많은 이미지에 어느새 길들여져 있기 때문입니다. 그만큼 길들여진다는 것은 참으로 무서운 것입니다.

햄버거의 가공과 유통을 위해 우리가 치르는 대가

2018년 대한민국의 더위는 상상을 초월했습니다. 낮 최고기온은 기상관측을 시작한 이래 매일 최고치를 경신하였으며, 재난 수준의 폭염으로 인해 각종 온열질환으로 사망하는 사고도 연이어 발생했죠. 수년 전부터 각종 지표에서 환경오염으로 인한 '지구온난화'가 위험수위에 있음을 경고하고 있기 때문에 어쩌면 2018년의 기록은 조만간 다시 경신될 것 같습니다.

'지구온난화'의 원인은 여러 가지가 있겠지만, 현대인의 먹거리 문화도 지구온난화의 주범 중 하나입니다. 햄버거 또한 이러한 논란의 중심에 서 있죠. 햄버거 한 개를 만들려면 세계 곳곳에서 대량 생산으로 값을 낮춘 온갖 재료들이 필요하고, 그 재료들을 준비하고 수송하는 데에 엄청난 양의 이산화탄소가 발생합니다. 햄버거의 푸드 마일[15]이 길어지는 이유입니다.

햄버거의 주재료인 소고기는 특히 문제입니다. 소는 엄청난 양의 물과 곡물을 먹고 자라기 때문에 소들을 키우기 위한 목장과 방목장을 건설하기 위해 희생되어 매일 불타고 있는 아마존의 열대우림 이야기는 어제오늘의 문제가 아닙니다. 그뿐만 아니라 과다한 방목으로 인해 목초지가 사막화되고 있으며, 소의 분뇨에서 나오는 이산화질소, 사료 재배 과정에서 나오는 질소 비료, 도축장에서 살균을 위해 사용하는 질산염과 암모니아 역시 지구를 심각하게 오염시키고 있습니다.

환경부가 2010년 고려대학교에 위탁해 분석한 연구에 따르면 햄버거 한 개는 약 3kg 정도의 온실가스를 배출하는 것으로 나타났습니다(참고로 밥 한 공기는 0.7kg을 배출합니다). 어디 그뿐인가요? 여기에 포화지방과 나트륨, 설탕, 기타 첨가물로 인해 발생하는 각종 질병 및 비만 등으로 인한 사회적 비용까지 고려하면 그 맛의 대가가 실로 어마어마합니다.

....

15. 1994년 영국의 소비자운동가 팀 랭(Tim Lang)이 발표한 〈식료품 장거리 수송은 인류의 재앙〉이라는 제목의 보고서에서 비롯됐다. 이 푸드 마일이 길어지면 식품에 사용되는 농약·보존제·첨가제 양이 증가하여 소비자의 건강 위협도가 증가하는 반면, 소비자가 얻을 수 있는 식재료에 관한 정보는 줄어든다. 특히 푸드 마일은 한 국가의 식량자급 수준이 낮거나 농산물 시장의 개방 정도가 클수록 급격히 증가한다(《시사상식사전》, 박문각)

햄버거 하나를 먹기 위해 지구가 치르는 비용

푸드 매거진 〈리얼 푸드〉[16]를 인용하면, 햄버거 하나를 먹기 위해 우리가 치러야 하는 환경적 비용은 다음과 같다.

- **물 2,500L**: 물발자국 네트워크에 따르면 사과 한 개의 물 발자국이 70L, 쌀 1kg이 3,400L임을 생각하면 매우 높은 수치이다.
- **숲 1.8평**: 미국의 애니멀즈(Animals) 저널에 게재된 워싱턴 주립대학교의 연구(2012년)에 따르면, 햄버거 하나를 만들기 위해서는 약 6㎡(1.8평)의 땅이나 숲이 필요하다. 햄버거 '패티'를 만들기 위해 소를 키워야 하고, 소를 키우려면 숲을 없애고 목초지를 만들어야 한다.
- **곡물 1.8㎏**: 소는 풀을 먹고 자라지만, 대량 사육 방식에 의해 갇혀 사는 소는 대부분 옥수수 등의 곡물을 먹고 자란다. 미국 농무부 경제연구소와 스톡홀름 국제 물연구소의 분석에 따르면 햄버거 1개에 들어가는 110g의 소고기를 만들기 위해서는 약 1.8㎏의 곡물 사료가 필요한 것으로 나타났다.
- **메탄가스 57 g, 온실가스 3㎏**: 소의 방귀나 트림 역시 어마어마한 대기오염의 주범이다. 소가 내뿜는 가스는 이산화탄소보다 23배나 더 지구를 뜨겁게 만드는 메탄가스라는 점이 더 문제이다. 세계적 환경연구소 월드워치연구소는 육류 생산이 전체 온실가스 방출의 51% 이상을 차지한다고 밝힌 바 있다. 워싱턴 주립대학교 연구팀에 따르면 일반적으로 햄버거 한 개(소고기 110 g)에서 발생하는 메탄가스는 57g 정도이다.

....
16. www.realfoods.co.kr

이러한 가공과 유통의 문제는 비단 햄버거만의 문제가 아닙니다. 우리 생활 속 식료품 가게나, 레스토랑, 혹은 일반 가정의 식탁에 놓이는 식재료들은 대부분 원거리에서 온 것들입니다. 이런 현상은 세계 무역 자유화 정책으로 더욱 가속화되고 있죠. 게다가 거대 자본으로 성장한 프랜차이즈 업체들이 치열한 경쟁에서 살아남으려면 끊임없이 가격을 낮추고 자극적인 맛으로 소비자를 길들여야 합니다. 그러려면 품종을 단일화하고 대량생산을 통하여 생산단가를 낮출 수밖에 없습니다(1부의 02 내용 참조). 세계화의 진행과 더불어 생산단가가 싼 곳을 찾아 세계 곳곳을 뒤지다 보니, 식재료의 운송 거리는 날이 갈수록 멀어지고 있습니다.

음식 관련 이산화탄소의 발생은 대부분 생산 과정에서 발생하고, 운송에 따른 영향은 크지 않다고 주장하는 사람들도 있습니다. 그러나 운송 거리가 멀어지면 또 다른 문제가 생기죠. 바로 보존료나 방부제 등 식품첨가물 문제입니다. 또한 세계 각국의 재료를 싼값에 모으기 위해 자본주의 논리를 앞세운 힘겨루기를 할 수밖에 없습니다. 그 과정에서 노동과 임금 간의 불균형, 노사 문제, 무역 갈등 등이 첨예하게 드러나게 되죠.

지구온난화 문제와 함께 인류가 직면한 또 다른 중요한 문제 중 하나는 물 부족 문제인데, 이 문제에 대처하기 위해 만들어진 개념이 바로 **물발자국**입니다. 푸드 마일이 음식이 생산된 시간부터 소비자에게 도달할 때까지의 운송 거리를 이르는 말이라면, 일정한 물건을 만드는 데 사용되는 물의 양을 가상으로 환산한 것을 가리켜

'물발자국(water footprint)' 또는 '가상수(假想水, virtual water)'라고 합니다.

물은 생명체에는 없어서는 안 될 필수품입니다. 《보이지 않는 물 가상수》라는 책을 쓴 런던 킹스 칼리지의 토니 앨런 교수에 따르면 햄버거 하나를 생산하는 데에는 3,000리터의 물이 필요하고, 밀크셰이크 한 잔을 생산하는 데에는 1,000리터의 물이 필요하다고 합니다. 밥 한 그릇을 짓기 위해 100리터의 물이 들어가는 것과 비교해볼 만합니다.

직접적인 물 사용량의 불균형도 문제입니다. 국토부가 GWI[17]의 자료를 인용하여 밝힌 바에 의하면 아프리카의 어느 지역에서는 1인당 4리터 이하의 물을 소비하고 있는가 하면, 우리나라에서는 하루에 280리터, 미국에서는 하루에 340리터를 사용하고 있다고 합니다.

에너지 총량 불변의 법칙을 굳이 거론하지 않더라도 누군가가 넘치게 쓰면 누군가는 모자랄 수밖에 없죠. 자연계라면 자정 작용에 의해 자연스럽게 균형을 맞춰나가겠지만, 인간에 의해 생겨난 불균형은 지구의 자정 능력을 위협합니다. 인간이 이 지구라는 행성에서 더 오래도록 살아남으려면 인간이 지구의 주인이라는 오만함부터 버려야 할 것입니다. 햄버거 하나를 만드는 데 드는 이와 같은 엄청난 이산화탄소와 물발자국은 분명 언젠가는 엄청난 재앙이 되어 우리에게 되돌아올 테니까요. 2018년 우리나라를 덮친 폭염을

....
17. GWI(Global Water Intelligence): 글로벌 수처리 사업 조사기관

비롯해, 지구 곳곳에서 발생하고 있는 여러 가지 기상이변들을 보면 이미 그 재앙은 시작되었다고 볼 수 있습니다.

우리는 매장에서 햄버거 값을 비교적 저렴하게 치르고 있습니다. 하지만 세계의 다른 어딘가에서는 엄청난 비용이 치러지고 있다는 사실을 우리는 깨달아야 합니다. 자기도 모르는 외상청구서가 어느 날 갑자기 날아온다면 기분이 어떨까요? 먼 훗날 우리의 후손이, 아니 어쩌면 가까운 미래에 우리 스스로 차곡차곡 쌓아둔 환경비용에 대한 청구서를 받고 그 엄청난 금액에 깜짝 놀라게 될 것입니다.

음식 본연의 목적은 사람은 살리는 것입니다. 우리가 먹는 음식은 우리 몸을 살리고 우리 지구를 살리는 것이어야 한다는 뜻입니다. 먹거리 하나에 너무 거창한 의미를 부여한다고 생각할지도 모르지만, 이제 먹거리 하나를 생각할 때도 지구를 생각하고 기아에 허덕이는 지구 반대편 어딘가의 누구를 생각해봐야 합니다. 그러기 위해서 먼저 우리의 식습관을 돌아보고 착한 소비, 윤리적 소비에 대해 고민해보면 어떨까요?

불친절한 햄버거, 맛의 음미를 차단하다

우리 인간에게 있어 '먹는다'는 행위는 단순히 배고픔을 달래기 위한 것에 국한되지 않습니다. 사실 우리는 먹는 행위를 통해 스트레스를 해소하기도 하고, 때론 마음의 위로를 받기도 하죠.

미국의 심리학자 매슬로우 (Abraham H. Maslow)는 인간의 동기는 욕구의 강도와 중요도에 따라 일종의 계층적 관계로 되어 있다고 보았습니다. 매슬로우에 의하면 인간의 욕구는 생리적 욕구, 안전에 대한 욕구, 애정과 소속의 욕구, 존경의 욕구, 자아실현의 욕구로 나눌 수 있으며, 각각의 욕구는 위계가 있습니다. 즉 하위 단계의 욕구가 어느 정도 충족되어야 다음 수준의 상위 욕구가 생겨난다는 거죠.

그러니까 인간의 생존을 위한 가장 기본 조건인 '의식주' 중에서도 '식(食)'은 기본 중에 기본인 생리적 욕구에 해당됩니다. 농업의 생산성이 낮았던 시절, 먹을 것이 없어서 한 달에 겨우 아홉 끼니를 먹는다는 '삼순구식(三旬九食)'의 시절에는 '먹는다'는 것이 전적으로 생존을 위한 수단이었죠. 그러나 이제 '식'은 눈부신 경제성장과 농업 생산성의 발달로 인해 생존의 욕구를 넘어섰습니다. 애정과 소속의 욕구, 나아가 자아현실의 욕구를 충족하기 위한 행위가 된 것입니다. 물론 지구 어딘가에는 여전히 생존의 욕구로 남아 있기도 하지만 말이죠.

'음식'이라는 말 뒤에는 항상 '문화'라는 말이 따라다닙니다. '음식문화.' 음식을 먹는다는 것은 이제 생존을 위한 영양소 섭취를 넘어서 삶의 한 양식이 되었습니다. 밥을 같이 먹는 것은 인간관계에서 가장 중요한 수단 중 하나입니다. 그러기에 "밥 한 번 먹자."라는 말이 '우리 친하게 지내자'는 뜻이 되는 것이고, 국가 간 정상회담에서도 항상 '조찬'이나, '오찬', 혹은 '만찬'을 통해 함께 밥을 먹음으로써 서로 친분을 다집니다.

그런데 여러분도 잘 알겠지만, 햄버거는 혼자 먹기 편한 음식입니다. 물론 친구들과 어울려 먹을 때도 있겠지만, 나 홀로 급하게 한 끼 때워야 할 때 가장 만만한 음식 중 하나죠. 그래서인지 몰라도 햄버거는 안 그래도 바쁘고 삭막한 세상에서 먹는 행위마저 더 외롭게 만드는 것 같아 씁쓸한 생각이 듭니다. 게다가 햄버거 가게

빨리 먹고 나가라는 무언의 압박

햄버거 가게의 식탁과 의자는 딱딱하고 불편하다. 얼른 먹고 얼른 나가라는 뜻이다. 맥도날드화의 4원칙 중 한 가지인 효율성을 높이기 위해 맥도날드에서는 15분 만에 먹고 나가게 하라는 규칙이 있다. 한 개의 좌석당 하루에 몇 명의 고객이 앉는가를 분석한 것을 '객석 회전율(Table turn over rate)'이라고 하는데, 객석 회전율을 높이는 일이 바로 효율성을 높이는 일이다.

마케팅 차원에서 고객에게 큰 불편을 주지 않는 척 하면서도 회전율을 높이려고 불편하고 딱딱한 의자가 필요한 것이다. 햄버거가 '패스트푸드(FAST FOOD)'의 선두주자임을 생각하면 어쩌면 빨리 먹고 나가는 게 당연한 일인지도 모른다. 맥도날드가 세계적으로 성공한 프랜차이즈가 된 것도 결국 빨리 먹을 수 있고, 자동차에 앉아서 먹을 수도 있는 간편한 음식이기 때문이었으니까.

의 딱딱한 식탁과 의자들은 우리에게 끊임없이 외칩니다. 빨리빨리 먹고 나가라고. 바쁜 인생, 각자 알아서 살라고 말이죠.

그러나 굶주림에서 벗어난 인간에게 음식은 단순한 생존 그 이상의 의미입니다. 그렇기 때문에 여유 있게 맛을 음미하며 누군가와 함께할 때 더욱 빛을 발하게 되죠. 그런 의미에서 볼 때 햄버거는 참 불친절합니다. 햄버거는 맛을 음미할 시간도, 함께 오래도록 대화를 나눌 시간도 주지 않으니까요.

심지어는 햄버거는 오래 씹을 필요도 없습니다. 어릴 때부터 부모님은 음식을 천천히 오래오래 씹어 먹으라고 가르쳐주셨지만, 햄버거를 오래오래 꼭꼭 씹어 먹는 사람은 없을 것입니다. 일부러 햄버거를 오래도록 씹는다면 아마 불쾌한 맛을 느끼게 될지도 모릅니다. 그래서 그런지 몰라도 햄버거는 한입 베어 물고 몇 번 씹기 무섭게 어느새 목구멍으로 쑥 넘어가버립니다. 오래 씹지 않고도 삼킬 수 있는 것 또한 햄버거가 말해주지 않는 또 다른 불편한 진실인지도 모르죠.

이번 주에 여러분은 혹시 몇 번이나 햄버거를 먹었나요? 한 번? 아니면 두 번? 맛에 길들여져 무심코 먹게 되는 햄버거 때문에 우리는 훨씬 더 중요한 것을 잊고 사는 것이 아닌지 이제부터라도 한번 생각해볼 필요가 있지 않을까요?

03
띵동, 피자 배달 왔어요~!

문신 하나를 새겨서 평생 10,000개의 피자를 먹을 수 있다면 여러분은 어떻게 하겠습니까? 무슨 싱거운 농담이냐고요? 실제로 한 글로벌 피자 프랜차이즈 업체의 러시아 지사에서 벌인 '무료 피자 이벤트'에 관한 이야기를 하려는 겁니다.

공짜 피자의 달콤 살벌한 유혹

모 피자회사에서 '눈에 보이는' 신체 부위에 자기 회사의 로고를 새기면 100년 동안 매년 100개의 피자를 먹게 해주겠다고 했습니다. 그런데 이 황당한 제안에 대한 반응은 예상보다 폭발적이었죠. 뜨거운 반응에 놀란 피자업체는 곧바로 '선착순 350명'이라는 조건과 '문신의 크기가 2㎝ 이상일 것'이라는 조건을 덧붙였습니다. '눈에 보이는' 신체 부위가 어떤 곳인지도 상세하게 설명했죠. 그래도 순식간에 350명이 마감되었다고 합니다. 비록 광고의 콘셉트에 대해서 엄청난 욕을 먹기는 했지만, 광고 효과만큼은 확실했던 거죠.

만약 우리나라였다면 어땠을까요? 아마 크게 다르지 않을 것 같습니다. 이벤트 응모 대상자를 성인으로 한정하지 않는다면 청소년들은 때 아닌 문신 바람에 날마다 학생부 선생님들과 실랑이를 했을지도 모르죠. 요즘 같은 불황기에 그 정도 혜택이면 문신 아니라 더한 것도 할지 모르겠습니다. 옛말에 '공짜라면 양잿물도 마신다'는데, 하물며 맛있는 피자라면 더 말할 필요가 있을까요?

전 세계에서 가장 매장 수가 많은 프랜차이즈 TOP 10에 피자업체가 3개나 이름을 올렸다고 합니다. 그만큼 피자의 인기도 가히 전 세계적으로 뜨겁습니다. 미국의 피자 관련 사이트인 Pizzaware.com의 자료에 따르면 미국에서 하루에 소비되는 피자의 양은 100에이커(Acre)[18]에 이르며, 이는 350조각의 피자가 매초 단위로 판매되고 있는 것과 같다고 합니다.

우리나라에서도 피자의 인기는 심상치 않습니다. 배달 음식 애플리케이션 회사인 '배달의 ○○'이라는 회사에서 2016년 발표한 자료에 의하면 배달 음식 1위는 치킨, 2위는 한식 및 분식, 3위는 중식, 4위는 피자라고 합니다. 본격적인 식사 메뉴에 해당하는 한식과 중식을 제외하면 배달 음식의 대표선수는 결국 치킨과 피자인 셈이

---

18. 1에이커는 한 변의 길이가 63.6미터인 정사각형의 면적에 해당하며, 약 1,224평이다.

죠. 짜장이냐, 짬뽕이냐의 고민만큼 치킨이냐 피자냐 역시 많은 사람들에게 결정 장애를 일으키곤 합니다.

아빠가 피자 사줄게!

힘겨운 어린 시절을 보냈다는 중견배우 성 모 씨는 한 매체와의 인터뷰에서 아이들에게 이 말을 할 때가 가장 행복하다고 했습니다. "아빠가 피자 사줄게!" 돈 걱정 없이 아이들에게 마음껏 피자를 먹일 수 있는 게 아빠 노릇을 제대로 하는 것 같다며 말이죠.

한 배달 전문업체의 조사 결과에 의하면 피자를 가장 많이 주문하는 연령대는 30~40대라고 합니다. 1980년대에 어린 시절을 보낸 여러분의 부모님 세대에게 피자는 중산층의 상징이며, 돈깨나 있는 집에서나 가능한 외식 메뉴였습니다. 이제는 부모가 된 그들에게 피자는 아마도 어린 시절의 로망을 실현해주는 음식이자, 온 가족이 함께 먹기에 가장 이상적인 메뉴인 모양입니다.

우리나라 피자업계의 연간 매출 규모는 1조 8,000억 원 가량입니다. 그러나 2000년대 초반까지만 해도 최고의 성장세를 이어가던 피자업계는 최근 다소 주춤하고 있다고 합니다. 그 이유로는 엄청난 고칼로리 식품이자 패스트푸드로 인식되고 있는 점, 다양화되는 외식 문화, 상대적으로 비싼 가격, 1인 가구의 증가로 인해 혼자 먹기에는 양이 많은 점 등을 들 수 있을 것입니다.

냉동 피자를 즐기는 나는 어떤 사람일까?

솔직히 피자는 청소년들이 자기 주머니를 털어서 사 먹기에는 가격 면에서 다소 부담스런 음식입니다. 즉 먹고 돌아서기 무섭게 허기가 지는 한창 성장기의 청소년에게 피자는 가성비 면에서 좀 떨어지는 음식이죠. 하지만 피자 자체에 대한 선호도가 낮다고 보기는 어렵습니다. 여러분도 인정하겠지만, 급식으로 피자가 나오면 정말 좋지 아니한가요?

그렇습니다. 문제는 가성비입니다. 그러다 보니 요즘 피자업체의 영업 전략도 매장 중심에서 배달 중심으로 바뀌어가는 추세입니다. 특히나 피자를 혼자 먹어야 하는 사람들은 배달을 선호하죠. 먹다 남으면 냉동시켜 보관했다가 또 먹으면 되니까요. 냉동 기술의 발전으로 맛의 차이도 줄어들고 있습니다. 그래서인지 최근에는 냉동 피자의 성장세가 무섭습니다. 업계의 자료에 따르면 냉동 피자 시장 규모는 2016년 265억 원에서 2017년 894억 원으로 1년 만에 무려 240%가 증가했다고 합니다.

냉동실에 얼리면 두고두고 먹을 수 있으니, 굳이 피자를 여럿이 함께 나눠 먹을 필요도 없습니다. 1인 가구의 비중이 높아지고 있는 요즘, 피자는 여럿이 함께 즐기는 음식에서 점점 혼자 가볍게 먹는 음식으로 변해가고 있습니다. 냉동 피자라고 맛을 무시하면 안 됩니다. 전자레인지에 데우면 먹음직스럽게 녹아내리는 치즈의 진한 맛까지 맛으로만 보면 딱히 흠잡을 곳이 없을 정도니까요. 그런데 희한하게도 그 냉동 피자에는 어쩐지 '음식'이라는 말을 붙이기가 민망해지는 것은 왜일까요?

미식의 아버지라고 불리는 프랑스의 브리야 사바랭은 이렇게 말했다고 합니다. "짐승은 먹이를 먹고, 인간은 음식을 먹는다." 잘 포장된 상태로 1인분씩 꺼내 먹는 냉동 피자는 먹이일까요, 아니면 음식일까요? "당신이 무엇을 먹는지 말해 달라. 그럼 당신이 어떤 사람인지 말해주겠다." 이 또한 브리야 사바랭의 말입니다. 바쁘다는 핑계로 냉동 피자로 끼니를 때우는 우리는 과연 어떤 사람일까요?

언제부터인가 우리는 그저 '맛있는' 음식에만 관심을 가집니다. 그 음식이 만들어지는 과정에 대해서는 별로 관심이 없죠. 우리가 먹는 음식이 어떤 재료로 어떻게 만들어지는지, 또 그 재료는 어디에서 어떻게 생산된 것인지에 대해서도 무관심합니다. 그저 당장 우리의 시각과 미각에 주는 짜릿한 쾌락에만 관심을 가질 뿐이죠. 앞에서 이러한 사람을 가리켜 음식 문맹이라고 한다고 이미 설명했습니다.

음식을 시각적 자극으로 소비하는 것을 가리켜 '푸드 포르노'[19]라고 합니다. 국제 슬로푸드 한국협회 김종덕 교수는 농업에 관심이 없는, 즉 먹거리의 생산 과정은 무시한 채 오직 먹는 데만 초점을 맞춘 소위 '먹방'을 두고 푸드 포르노라고 했습니다. 그리고 현대사회에서 자신이 먹는 먹거리가 어디서 어떻게 왔는지 무관심한 음식 문맹자들이 늘어나는 것을 경계했죠.

피자야, 넌 어디에서 왔니?

여러분의 부모님 세대가 선망했던 외식메뉴였고, 지금은 냉동 피자가 등장할 만큼 흔한 음식이 된 피자. 그런데 이 피자는 어디에서 시작되었을까요? 피자의 고향은 이탈리아의 나폴리이지만, 피자를 대중화시킨 나라는 미국입니다. 앞에서 햄버거의 기원을 살펴볼 때도 그러했지만, 어떤 음식이든 그 기원을 따지고 들면 끝이 없습니다. 피자 역시 하나하나 물고 늘어지다 보면 수천 년의 역사를 가지고 있을지 모르지만, 오늘날과 같이 도우에 토마토, 치즈 등을 얹은 형태의 피자는 19세기에 시작되었다고 할 수 있습니다.

그런데 피자(pizza)는 왜 피자일까요? 일설에 따르면 피자(pizza)는 이탈리아 남부 지방의 언어로, 고대 로마인들이 사용하던 "파이(pie)"라는 의미의 '피체아(picea)'에서 파생된 말이라고 합니다. 피체아라는 것은 로마인들이 먹던 '플라첸타(placenta)'라고 불리던 빵의 까맣게 그을린 아랫부분 혹은 그 빵 자체를 일컫는 말이었습니다. 바로 이 'picea'가 'piza'를 거쳐 오늘날의 'pizza'로 굳어진 것이라고 하네요. 물론 다른 설도 있지만요.

피자의 원조는 역시 이탈리아지

캐럴 헬스토스키가 쓴 《피자의 지구사》에 의하면, 현재와 같은 피

....
19. 김종덕(2018), 《생각이 크는 인문학 14 - 음식: 내가 먹는 음식이 세상을 바꾼다고?》

자는 나폴리의 빈민층에서 주로 먹던 것이 이민자들에 의해 미국으로 전해지면서 유행을 하게 된 것이라고 합니다. 가난한 이들의 음식이던 피자가 대중화되는 데 기여한 사람은 부르봉 왕조의 페르디난도 1세(Ferdinando I)와 마리아 카롤리나(Carolina) 왕비입니다. 마리아 카롤리나 왕비는 오스트리아 합스부르크 왕가의 공주로서 마리 앙투와네트(Marie Antoinette)의 언니이기도 하죠.

화려함과 사치의 대명사이자, 프랑스 혁명의 원인 제공자로 알려진 동생에 비해 언니의 입맛은 비교적 소박했던 모양입니다. 왕은 서민들의 요리인 피자를 좋아하는 왕비의 입맛을 그리 탐탁지 않게 여겼습니다. 그래서 왕비에게 어울리는 한층 세련된 피자의 레시피를 개발하려고 했고, 궁궐에 피자 오븐을 들여놓도록 했다는 거죠. 한편으로는 오히려 왕이 피자를 좋아해서 밖에서 피자를 사 들였는데, 이를 왕비가 못하게 말리니 아예 궁궐에 오븐을 들여놓았다는 설도 있습니다.

왕이 좋아했건 왕비가 좋아했건 어쨌든 왕실에서 피자를 즐긴다는 소문이 퍼지면서, 빈민의 음식이라는 피자에 대한 편견도 점차 사라졌습니다. 귀족이나 일반 백성들 사이에서도 피자를 좋아하는 사람이 늘어났고, 아예 집에 피자 오븐을 들여놓는 귀족들이 생겨났다고 합니다.

피자와 관련하여 또 한 사람 빼놓을 수 없는 인물이 있습니다. 바로 이탈리아의 2대 국왕 움베르토 1세의 아내 마르게리타 왕비입니다. 여러분도 이름을 들어본 적이 있을 법한 '마르게리타 피자'는 바로 이 왕비를 위해서 만들어진 피자입니다.

나폴리의 유명 셰프였던 라파엘레 에스포지토(Raffaele Esposito)는 1889년 나폴리를 방문한 움베르토(Umberto) 왕과 마르게리타(Margherita) 왕비를 위해서 특별한 피자를 만들었다고 합니다. 에스포지토는 그동안 전통적으로 피자 토핑으로 사용되어오던 토마토와 바질에 모차렐라 치즈를 추가했는데, 이 피자가 바로 그 유명한 마르게리타(pizza margherita)입니다.

토마토, 바질, 모차렐라 치즈는 이탈리아 국기의 빨강, 초록, 하양의 삼색을 상징하는데, 당시는 이탈리아 통일의 분위기가 고조되고 있던 때이므로, 피자의 이런 애국적 면모는 마르게리타 왕비의 마음을 사로잡기에 충분했습니다. 예나 지금이나 애국심 마케팅은 어디서나 잘 통했나 봅니다.

피자는 도우를 숙성해야 하고 오븐에 구워야 하므로 만들기 어려워서 주로 사 먹는 요리였고, 그렇기 때문에 19세기 나폴리의 거리에는 피자 노점상이 즐비했다고 합니다.

1890년 나폴리에는 피체리아(pizzeria)라고 불리는 화덕을 갖춘 최초의 피자 전문점인 '포르트 알바(Port Alba)'가 문을 열었고, 이 가게는 지금까지도 원조 피자 가게로 이름을 날리고 있습니다. 피체리아 덕분에 피자를 빠른 시간 안에 구울 수 있게 되었고, 사람들은 좀 더 저렴한 가격에 피자를 맛볼 수 있게 되었죠. 이후 빠르고 저렴한 피체리아의 콘셉트는 피자의 세계화에서 중요한 요소로 작용하게 됩니다.

피자의 대중화와 세계화를 이끈 미국

피자가 미국에서 대중화된 데는 이민자들의 역할이 컸습니다. 미국에 피자가 처음 소개된 건 19세기 말 미국으로 이민 간 이탈리아 남부 사람들에 의해서죠. 이들은 생계를 위해 빵 가게나 식료품점을 운영하며 피자를 팔았습니다.

미국 최초의 피자 전문점은 1905년 뉴욕의 맨해튼 스프링 가(Spring Street)에 문을 연 롬바르디(Gennaro Lombardi)입니다. 초기에는 주로 이탈리아 이민자들이 고객이었으나, 제2차 세계대전 이후 이탈리아 전선에서 싸우다 미국으로 돌아온 전역 병사들이 이탈리아 현지에서 먹어본 피자의 맛을 잊지 못해 피자 가게의 주 고객이 되었다고 합니다.

어떤 음식이든지 물을 건너가면 현지인의 입맛에 맞게 바뀌어가게 마련이죠. 피자 역시 미국 사람들의 입맛에 맞게 조금씩 바뀌어 갔습니다. 양을 중시하는 미국인의 취향에 맞춰 미국의 피자는 이탈리아 피자보다 커졌죠. 특히 뉴욕 스타일의 피자는 치즈가 듬뿍 올라가는데, 육류를 좋아하는 미국인들의 입맛에 맞게 토핑도 변했습니다. 또한 지역에 따라서 형태도 다양하게 변화되었죠.

당시 미국에서는 다른 외식업에 비해 피자 전문점의 창업비용이 상대적으로 덜 드는 편이었죠. 그래서 비단 이탈리아 이민자뿐만 아니라 다른 나라에서 온 이민자들도 피자 가게를 많이 열게 되었습니다. 그 결과 인도, 아랍, 남미 등 다양한 나라의 음식과 접목된 피자들이 생겨났고, 그 인기는 전 세계로 확산됩니다.

피자는 도우의 형태나 재료, 토핑의 재료에 따라 얼마든지 쉽게 변형이 가능합니다. 바로 이 점이 피자의 세계화를 가능하게 했을 것이며, 이 때문에 피자는 그 어느 요리보다도 무수한 형태로 변화될 수 있었죠.

그 뒤로 수많은 피자 체인점이 본격적으로 생겨났고, 피자는 가장 성공적인 외식 메뉴 중 하나로 자리 잡았습니다. 우리에게도 익숙한 피자헛(Pizza Hut, 1958년), 도미노 피자(Domino's Pizza, 1960년) 등도 그 무렵에 생겨났죠. 피자의 본고장은 이탈리아지만, 이를 상품으로 대중화시킨 것은 미국인 것입니다.

세계화 속에서 정보 교류가 가속화되면서 지구촌이 하나가 되어가고 있습니다. 자유와 평화, 인권이라는 보편적 가치를 추구하게 되었고, 음식문화에서도 세계화가 진행되고 있습니다. 피자 역시 음식의 세계화에 톡톡히 일조하는 품목으로 성장하고 있습니다.

한국인의 입맛까지 사로잡은 피자[20]

몇 년 전에 방송한 TV 드라마 〈응답하라, 1988〉을 기억하나요? 여러분의 부모 세대에게 지나간 청춘 시절에 대한 강한 향수를 불러

----

20. 캐럴 헬스토스키, 《피자의 지구사》 한국판에 특집으로 실린, 주영하의 〈피자, 한국정복의 역사〉를 주로 참고하였다.

일으켰죠. 이 드라마에서 프로 바둑기사인 주인공이 친구들에게 '피자'를 한턱 '쏘는' 장면이 나옵니다. 피자를 보는 것만으로 크게 흥분하던 드라마의 주인공들을 보면 알 수 있듯이, 피자는 아직 일상화된 음식이 아니었습니다.

국내 신문 자료에서 피자가 처음 등장한 것은 1967년 6월30일자 《동아일보》 기사입니다. 이 기사에 의하면 제6대 대통령 취임을 위한 국빈 만찬에 맥주 안주로 '피자 파이'를 준비했다는 말이 나옵니다. 예나 지금이나 국빈 만찬에 오르는 메뉴가 무엇인지에 대해 대중들의 관심이 뜨거웠던 모양입니다. 한때 kg당 수백만 원을 호가한다는 이름도 생소한 '송로버섯'이 청와대 오찬의 메뉴로 올라왔다는 소식에 국민들은 상대적 박탈감을 느끼기도 했고, 또 2017년에는 한미 정상회담에서 트럼프 미 대통령에게 대접한 '독도새우'가 주목을 받아 대한민국에 때 아닌 새우 바람이 불기도 했으니까요.

최악의 무더위가 기승을 부렸던 2018년 여름에는 남북 정상이 함께 먹었다는 '평양냉면'을 먹기 위해 평양냉면집은 사람들로 장사진을 쳤습니다. 그 땡볕에서 한 시간씩이나 줄을 섰다니 맛있는 것을 향한 그 열정이 참으로 대단할 뿐입니다. 이 모든 것을 종합해 볼 때, 아마 당시에도 국빈 만찬에 나왔다는 낯선 음식인 '피자 파이'에 대해 우리 국민들이 얼마나 관심과 호기심을 가졌을까 충분히 짐작할 수 있습니다.

1980년대 초, 서울 서초동에 '맘마미아'라는 이탈리아 식당이 개업해서 피자와 스파게티를 팔았고, 그 후 피자를 파는 곳이 하나둘씩 생겨났습니다. 그리고 드디어 1985년 미국의 피자 패스트푸드점 '피자헛'과 '피자인'이 서울에서 문을 열었죠. 이를 계기로 피자는 우리나라에서도 독자적인 한 끼 식사로서의 지위를 확보하기 시작했습니다. 그리고 1986년 아시안게임과 1988년 서울 올림픽을 거치며 젊은 세대의 입맛이 본격적으로 서구화되어갔죠. 〈응답하라 1988〉이라는 드라마에서 청소년 주인공과 그 친구들이 피자를 시켜 먹고, 주인공의 어머니가 커다란 양푼에 마치 비빔국수를 비비듯이 스파게티를 비벼서 동네 사람과 함께 나눠 먹는 장면이 괜히 나온 게 아닙니다.

그러면서 피자를 먹는 방식도 점차 한국화되었습니다. 예컨대 반드시 피클을 함께 먹어서 느끼함을 없애야 하고, 꼭 콜라를 함께 마셔야 한다거나, 피자 위에 올리는 토핑 또한 한국인의 입맛에 맞게 다양한 방식으로 개발되었죠. 오히려 한국형 토핑이 유명해지면서 역수출되어 미국의 피자 전문점에서 판매되기도 합니다.

비록 한국식 피자가 개발되고 이러한 피자가 다시 현지에 역수출되었다고는 하지만, 우리의 입맛이 미국식 피자에 정복당하고 있다는 씁쓸한 현실을 부정할 순 없습니다. 대형 프랜차이즈화 되어가는 피자업계의 성장 방식을 우리나라도 피해가지 못했으니까요. 우리는 어느새 미국산 밀가루로 만들어진 도우에 미국산 사료를 먹고 자란 동물을 원료로 한 햄과 소시지가 듬뿍 토핑된 피자 맛에 익숙해지고 말았습니다.

피자업계의 치열한 생존경쟁 이면의 그늘

최근 들어 건강에 대한 현대인들의 관심이 부쩍 높아졌습니다. 이에 피자업계도 저마다 몸에 좀 더 좋은 재료를 사용하고, 몸에 좋은 방식으로 만들었다는 것을 앞세운 마케팅 전략을 쓰고 있는 추세입니다. 그러한 마케팅 전략이 먹힌 것일까요? 많은 소비자들이 가공식품의 위험성에 대해서는 잘 알지만, 화덕에서 구운 피자는 가공식품이 아니라고 생각합니다. 배달 피자를 보면 피자에는 밀가루, 효모, 치즈 그리고 고기와 각종 야채가 들어가니, 언뜻 해로운 재료는 잘 보이지 않는 것 같습니다.

그러나 각각의 재료가 몸에 좋고 나쁘고를 따지기 이전에 그것이 어디서 왔는지를 생각해봅시다. 먹거리가 산업화됨에 따라 업체 간 경쟁구도는 더욱 치열해지고 있습니다. 경쟁에서 살아남으려면 결국 원가를 낮출 수밖에 없죠. 조금이라도 더 값싼 원료를 얻기 위해서 거대 프랜차이즈들은 세계 곳곳에서 재료를 공수해 옵니다. 더 값싼 생산지와 더 값싼 노동력을 찾아 세계 어디든 가고 있죠. 값이 싸다면 먼 곳에서 생산된 것을 가져올 수밖에 없으니 이동거리가 멀어집니다. 이동거리가 멀어질수록 식품을 보존하기 위한 보존료도 다량 사용할 수밖에 없습니다. 또한 한 푼이라도 단가를 낮추려면 결국 생산 노동자들의 임금을 깎을 수밖에 없죠. 하지만 우리는 그저 좀 더 싼 값에 피자를 먹을 수 있다면 좋다고 생각할 뿐, 피자에 얼마나 보존료가 들어가 있는지, 임금을 깎일 대로 깎인 생산 노동자들이 얼마나 힘겨운 삶을 살고 있는지 따윈 거의 생각하지 않는 게 현실입니다.

업체들 간 경쟁이 치열해질수록, 업체들은 조금이라도 생산단가를 낮춰 이윤을 높이기 위해 더욱 값싸고 질 낮은 원재료들을 사용하는 데 혈안이 될 수밖에 없습니다. 생산자들은 더욱 싼값에 원재료들을 공급하기 위해 생산비용을 조금이라도 더 낮추려고 더 가혹한 노동력 착취, 더욱 독한 화학약품 사용을 감행할지도 모르죠. 피나는 가격 경쟁 속에서 소비자는 좀 더 싼 피자를 먹을 수 있을지는 몰라도 결코 질 좋은 피자를 먹을 순 없다는 게 자명합니다.

토마토소스와 화학 비료[21]

그저 값싼 피자를 먹을 수 있다는 데 만족하면 안 되는 이유에 관해 좀 더 이야기를 해볼까요? 여러분은 피자 하면 바로 무엇이 떠오르나요? 피자를 만들 때 빼놓을 수 없는 재료가 바로 토마토입니다. 피자의 맛을 결정하는 것이 바로 토마토소스이기 때문이죠. 맛있는 소스를 만들려면 좋은 토마토가 필요합니다. 이탈리아에서 토마토 요리가 발달한 것도 어떻게 보면 맛있는 토마토가 재배되기에 알맞은 환경을 가지고 있었기 때문이죠. 좋은 토마토로 만든 맛있는 소스, 생각만 해도 군침이 돌지 않나요?

그런데 토마토소스가 기업화되면 이야기가 전혀 달라집니다. 기

....
21. 파울 트룸머의 《피자는 어떻게 세계를 정복했는가》를 참조하였다.

업화된 토마토소스를 만들려면 싱싱하고 맛있는 토마토를 공급받는 일보다 값싼 토마토를 공급받는 일이 훨씬 더 중요해집니다. 그런데 토마토를 생산하는 데 드는 비용 중 대부분은 인건비가 차지하죠. 이 말은 곧 생산비를 낮추려면 결국 인간의 노동에 대한 비용을 줄여야 한다는 뜻입니다. 이를 위해서 대규모 식품회사들은 저임금 국가에서 대부분의 원료를 구입하고 있죠.

이는 그나마 정부의 보조금으로 근근이 버티고 있던 선진국의 농민들에게도 엄청난 부담입니다. 왜냐하면 저임금 국가에서 생산되는 토마토와 가격 경쟁을 해야 하니까요. 생산비 절감을 위해 이들 농민이 선택할 수 있는 방안은 결국 이민자들을 고용해 값싼 노동력을 착취하는 것뿐입니다. 즉 불법 이민자를 고용하고, 불법체류자라는 신분을 악용해 부당한 대우를 서슴지 않죠. 그러면서도 저임금 국가의 농민들과 경쟁하려면 어쩔 수 없다며 항변합니다. 사실 우리나라의 농촌에서도 농번기에 이와 유사한 일들이 비일비재합니다.

하지만 인건비를 줄이는 데도 한계가 있습니다. 그렇기 때문에 생산원가를 줄이기 위해서는 결국 사람의 노동력을 최소화해야 하죠. 사람의 일손을 줄이는 가장 쉬운 방법은 화학적인 도움을 받는 것입니다. 사람이 일일이 벌레를 잡고, 잡초를 뽑아야 한다면 실로 많은 노동력이 필요합니다. 하지만 화학약품인 농약이나 제초제를 사용하면 인건비를 획기적으로 줄일 수 있죠. 게다가 화학비료까지 사용하면 더 많은 열매를 수확할 수 있으니 생산단가를 더 많이 줄일 수 있습니다. 그렇기 때문에 현대의 농산물에는 점점 더 많은 화학약품들이 가해지고 있는 것입니다.

이러한 과정에서 발생하는 여러 가지 환경문제에 대해 소비자들은 일단 둔감한 편입니다. 오히려 절감된 생산비 덕분에 저렴한 가격이라는 혜택을 보게 되죠. 많은 소비자들이 눈에 보이는 당장의 작은 이익 앞에서 한없이 약해집니다. 그래서 눈에 보이지 않지만, 미래에 어쩌면 천문학적인 수준으로 대가를 치르게 될지 모를 비용 부담에 대해서는 일단 외면하죠. 여러분도 농약이나 비료의 사용이 인간의 건강이나 생태계에 좋지 않은 영향을 미친다는 것을 아마 잘 알고 있을 것입니다. 머리로는 알겠는데, 마음으로는 그리 심각하게 와 닿지 않을 뿐이죠.

비정부기구인 '오스트리아 환경연맹'은 "질소 1kg을 생산하는 과정에서 약 6kg에 이르는 이산화탄소가 배출된다."고 지적했습니다. 밭에 질소비료를 뿌리면 비료가 분해되는 과정에서 환경에 유해한 아산화질소(N_2O)가 대기 중으로 배출되며, 농약 1kg당 이산화탄소 19kg이 추가로 배출된다고 합니다. 만약 농약을 쓰지 않는다면, 특히 비료를 포기한다면 유기농법을 통해 헥타르당 이산화탄소 배출을 60%나 줄일 수 있을 것이라고 환경론자들은 말합니다.

그러나 현실은 어떠한가요? 식품 생산업자들과 소비자들의 은근한 이해관계가 맞아떨어지면서 모두가 환경문제에 대해서는 애써 외면하고 있습니다. 이제 그 부담은 고스란히 다음 세대로 전가될 것입니다. 앞으로 지구는 토양의 황폐화, 식수 오염, 이상기후의 발생 등 장기적으로 엄청난 비용을 치를 수밖에 없을 것입니다.

지구에 닥친 위기를 이제야 실감하게 된 것일까요? 최근 여러 전문가들은 앞다투어 경고합니다. 또한 여러 연구들에서 화학물질의 위험성에 대해서도 경고하고 있습니다. 아울러 화학업체들은 이러한 위험을 최소화하려고 최대한 노력하고 있으며, 정확한 용법만 지킨다면 자신들이 개발한 약품은 수확 때까지 유해 성분이 모두 분해될 수 있다고 광고하죠.

그러나 농업 현장에서 정확한 용량을 지켜서 농약을 살포한다는 게 말처럼 쉽지는 않습니다. 하다못해 세탁기에 넣는 세제조차도 용량을 따지지 않는 사람들이 허다하니까요. 눈앞에서 병충해에 걸려 죽어가는 농작물을 지켜봐야 하는 다급한 상황이라면 과연 냉정하고 이성적으로 정확한 용량을 지킬 수 있을까요? 또 어떤 나라에서는 사용이 금지된 성분이 다른 나라에서는 여전히 사용될 수도 있을 것이고, 또 지금은 괜찮다고 우리를 안심시키는 화학성분의 유해성이 훗날 밝혀질 수도 있지 않을까요?

여러분도 우리나라를 휩쓸고 간 '살충제 달걀' 사건을 기억할 것입니다. 양계장에 갇혀 사는 닭들의 벼룩을 없애기 위해 뿌린 살충제 성분이 달걀에서 검출된 것입니다. 이로 인해 해당 농가의 달걀 출하가 금지되면서 달걀 파동이 일어났죠. 충격적이었던 것은 비좁은 사육장이 아닌 넓은 마당에서 방목하여 키운 소위 유기농 달걀에서 'DDT'[22]라는 농약성분이 검출된 것이었죠. 해당 달걀을 생산한 곳이 친환경 유기농으로 유명한 농장이었기 때문에 충격은 더욱 컸습니다. 더욱 놀라운 사실은 조사 결과 이 농약은 이미 1970년대에 사용이 중단되었지만, 무려 수십 년간 토양에 잔존해 영향을 끼치고 있었던 것으로 밝혀져 다시 한 번 우리를 충격에 빠트렸습니다.

최근에는 식품 원재료의 원산지 표기를 의무화하고 있고, 세계 각국에서 화학물질의 사용을 엄격하게 규정하고 있습니다. 그러나 전세계에서 농산물이 수입 또는 수출되고 있기 때문에 결국 우리는 이 모든 위험에서 안전할 수 없습니다. 이 모든 것이 더 싼 값에 더 많이 생산하기 위한 자발적 선택이었습니다. 그리고 이 선택의 결과는 결국 부메랑이 되어 돌아와 우리 모두를 심각하게 위협하고 있죠. 아직은 위기를 체감할 수 없다는 이유로 계속 외면한다면 훗날 분명 돌이킬 수 없는 처절한 현실에 맞닥뜨리게 될 것입니다.

왜 짝퉁 치즈를 만드는가?

앞서 우리는 더욱 싼 값에 더 많이 생산해 이익을 보려는 욕심이 불러온 엄청난 결과들을 살펴보았습니다. 그런데 이게 끝이 아닙니다. 이익에 눈이 멀어 또 어떤 일들이 벌어지고 있는지 알아볼까요? 피자 프랜차이즈가 택하는 전략은 딱 두 가지로 나뉩니다. 즉 원재료의 값을 줄이고 박리다매를 취하는 저가 경쟁에 뛰어들거나,

----

22. 1957년부터 유해성에 대한 의문이 제기되기 시작해 1962년에 출판된 《침묵의 봄(Silent Spring)》을 통해 유해성이 널리 알려졌다. 결국 1970년대에 들어 거의 대부분의 국가에서 이 물질에 대한 농약 사용이 전면 금지되었으나, 아직도 여러 나라에서 말라리아와 티푸스를 방지하기 위한 살충제로 사용되고 있다고 한다.

고객들의 다양한 입맛을 반영하는 고급화 전략을 취하거나 둘 중 하나인 것입니다.

여러분도 얼핏 피자 광고에서 '자연산 치즈' 어쩌고 하는 말을 들은 적이 있을 것입니다. 그런데 이상하네요. 치즈는 본래 우유를 발효시켜 만드는 건데 자연산이 정상 아닌가? 그런데 굳이 자연산 운운하면서 자신들의 제품을 홍보하는 것은 그런 말이 없는 다른 치즈들은 자연산이 아니라는 뜻이겠죠.

여러분에게는 다소 충격적일지도 모르지만, 이미 많은 업체들이 식물성 지방을 사용한 모조 치즈, 즉 '짝퉁 치즈'를 만들어내고 있습니다. 식물성 지방과 단백질 분말로 만들어진 이 모조 치즈의 경쟁력은 단연코 싼 가격이죠. 숙성 치즈의 반값이면 구입할 수 있으니까요. 독일에서는 연간 10만 톤에 이르는 모조 치즈가 생산되고 있다고 합니다.

치즈뿐만이 아닙니다. 우유가 한 방울도 들어 있지 않은 생크림부터 육류가 일 그램도 들어가지 않은 햄까지, 이제 세상에는 비용을 줄이기 위해 만들어진 싸구려 가짜 식품들이 판을 치고 있습니다. 그리고 그 모든 것들은 입에 착착 감기는 감칠맛으로 포장된 채 거의 매일 우리의 입을 통해 몸속으로 고스란히 들어오고 있죠.

음식을 가지고 장난을 치는 이러한 비윤리적인 행태를 비단 식품 생산자의 탓으로만 돌릴 순 없습니다. 우리는 유통업체들의 대형화와 식품 생산자에 대해 거대 유통업계가 벌이는 갑질에 주목해야 합니다. 주머니 사정이 여의치 않은 오늘날의 대다수 소비자에게 제공

되는 식품은 특별한 경우를 제외하고 무조건 저렴해야 선택을 받을 수 있습니다. 이로 인해 불붙게 된 업체들 간의 가격 경쟁은 치열함을 넘어 살벌한 지경에 이르렀죠.

하지만 안타깝게도 이러한 가격 경쟁에서 끝까지 살아남을 수 있는 건 결국 대형 유통업체뿐입니다. 정부는 대형 유통업체들의 틈에서 소형 소매상 및 전통시장을 보호하기 위해 대형마트 휴무일을 지정해서 운영하고 있지만, 소비자의 권리를 내세우면서 이를 반대하는 여론도 만만치 않습니다.

강력한 자본력을 가진 대형 유통업체는 다양한 판촉 활동이라는 명목으로 소비자들에게 제품을 통 크게 할인해주고, 덤으로 다른 상품을 끼워주기도 합니다. 그리고 그러한 행사에서 발생하는 손해를 고스란히 식품 생산업자들에게 떠넘기죠. 식품 생산업자는 이러한 유통업자들의 막무가내 행패에도 불구하고 공개적으로 비난조차 할 수 없습니다. 유통업체 매장의 진열대 어디에 자기 상품을 배치해주느냐에 회사의 사활이 걸려 있으니까요.

결국 식품 생산업자들의 선택지는 무조건 생산단가를 낮추는 것뿐입니다. 그러다 보니 저렴한 인스턴트 피자에는 짝퉁인 모조 치즈가 들어갈 수밖에 없죠. 유통업계의 살인적인 가격 경쟁에서 살아남으려면 어쩔 수 없는 선택입니다. 그리고 소비자들은 이러한 상황을 은근히 즐깁니다. 왜냐하면 어쨌든 겉으로 드러나는 소비자 가격이 낮아지니 별로 손해날 게 없다고 생각하니까요. 그렇기 때문에 우리 소비자들의 인식이 더더욱 중요해지는 것입니다. 소비자들이 움직이지 않으면 시장은 움직이지 않습니다. 시장은 결국 소비자가 원하는 방향으로 움직이니까요.

그런데 현대의 식품 생산자나 유통업자들은 적어도 지금의 자본주의 사회에서 소비자들이 원하는 것은 낮은 가격뿐이라고 판단하는 모양입니다. 이러한 가격 경쟁은 결국 악순환만을 낳고 있습니다. 식품 생산업체들은 가격 압박으로 인해 가짜 식품과 식품첨가물 등을 이용해 먹거리의 질을 낮추면서 생산비용을 줄이며 출혈 경쟁을 하고 있으니까요.

앞서도 언급했지만, 겉으로 보기에 소비자는 이 과정에서 낮은 가격이라는 혜택을 받습니다. 그런데 식품의 가격이 저렴해지니 또다른 문제가 생겼습니다. 즉 음식 소비를 필요 이상으로 부추기고 결국 적지 않은 양의 식품이 쓰레기통으로 가게 된 거죠. 환경부에서 발표한 자료에 의하면 2016년 기준 우리나라 국민 1인당 하루에 버리는 쓰레기의 총량은 929g이며, 이 중 음식물 쓰레기가 40%인 368g이라고 합니다.

더 큰 문제는 개별 소비자가 버리는 음식물 쓰레기는 빙산의 일각이라는 점입니다. 유통기간이 초과되어 슈퍼마켓에서 나오는 쓰레기도 엄청난데, 아예 상품화되어 유통되지도 못한 채 농민들 스스로 폐기 처분해야 하는 수확물의 양도 실로 어마어마합니다. 우리 소비자들도 마찬가지입니다. 슈퍼마켓에서 물건을 살 때에는 10원이라도 더 싼 것을 사려고 기를 쓰면서 정작 냉장고 안에서 뒹굴다가 포장도 뜯지 않은 상태로 쓰레기통으로 가는 음식들에는 무

신경한 태도를 보입니다.

이렇게 아까운 음식들이 마구잡이로 버려지는 동안 지구 반대편에서는 10억 명에 이르는 사람들이 기아에 허덕이고 있습니다. 한쪽에서는 먹지 않고 버리는 음식물이 넘쳐나는데, 또 다른 한쪽은 끼니를 때울 만한 먹거리 자체가 부족하다니 참으로 아이러니하면서도 씁쓸한 일입니다.

굳이 기아 문제까지 들먹이지 않더라도, 곰곰이 생각해보면 저가의 식품으로 인해 소비자가 감당하는 총 비용은 결과적으로 그다지 줄어들지 않는다는 것을 알 수 있습니다. 막무가내로 버려지는 엄청난 음식물들을 감안하면 말이죠. 그런데도 우리는 조금이라도 싼 가격에 살 수 있다는 이유로 엄청난 가격 경쟁을 방관하고 있습니다. 어쩌면 우리 스스로 질 낮은 짝퉁 먹거리를 만들도록 생산자와 유통업자들을 부추기고 있는 것인지도 모릅니다.

"음식을 살 때 그때그때 꼭 필요한 것만 조금씩 구입하게 되니까 따지고 보면 먹거리 비용이 더 드는 것 같지는 않아요." 다소 비싸더라도 유기농 먹거리를 고집하는 사람들의 한결같은 증언입니다.

피자 배달원의 목숨을 건 질주

'피자' 하면 빼놓을 수 없는 것이 배달이죠. 배달의 민족. 우리 민족은 예나 지금이나 배달의 민족입니다. 여러분은 아마도 텔레비전에서 본 음식 배달 서비스 광고가 먼저 떠오를 테지만, 여기서 잠깐 배달의 민족이 지닌 원래의 뜻을 살펴볼까요?

우리는 왜 배달의 민족일까요? 숙종 때 쓰인 《규원사화》라는 책에 의하면, '단군'이란 '박달나라의 임금(檀國之君)', 즉 단군의 단을 박달나무 '단'으로 해석하여 단을 '박달' 혹은 '백달'이라고 불렀습니다. 이것이 후에 '배달'로 바뀌었다는 것입니다. 물론 아직도 '배달'의 어원에 대해서는 논란이 있습니다.

어원이 무엇이든 우리는 배달의 민족입니다. 그리고 요즘은 여러분 모두가 인정하듯이 또 다른 의미로도 배달의 민족입니다. 외국인들이 우리나라에 와서 가장 놀라는 것 중의 하나가 바로 배달 문화라고 합니다. 음식이면 음식, 물건이면 물건, 배달되지 않는 게 없습니다. 집으로만 배달되는 게 아니라, 한강시민공원에서도 배달을 시킬 수 있습니다. 게다가 속도는 또 얼마나 빠른지, 총알 배송이 따로 없습니다.

그런데 잘 따져보면 이러한 배달문화가 최근에 생긴 건 아닙니다. 조선 말기의 문신 이유원이 집필한 《임하필기》〈춘명일사〉편에 의하면, 순조 임금이 냉면을 시켜먹었다는 기록도 있으니까요. 한때 짜장면 배달꾼이 동해 번쩍 서해 번쩍 등장해 "짜장면 시키신 분!"이라며 처절하게 외치던 광고가 유행했습니다. 우리나라 최남단 마라도 해상에 짜장면을 배달하면서 그처럼 어디서든 잘 터진다는 콘셉트로 만든 통신사 광고였죠. 그 광고의 영향력이 워낙 컸던 때문인지 마라도에 가면 짜장면을 시켜 먹고 오는 문화(?)도 생길 정도였습니다. 우리나라에서 특히 배달문화가 발달한 이유는 좁은 국토와 높은 인구 밀도 그리고 '빨리빨리'를 좋아하는 민족성과도 관련이 있지 않을까 싶습니다. 우리나라에서 장사를 제대로 하려면 배달 서비스는 기본이죠.

배달 음식의 대표주자인 피자 또한 배달과 떼려야 뗄 수 없는 관계입니다. 특히 피자 배달은 속도가 생명이죠. 생각해보세요. 광고에서 모델이 피자를 한 입 베어 물 때면, 끝없이 길게 죽 늘어지는 치즈가 빠짐없이 등장합니다. 광고를 보는 우리는 그 모습에 절로 침이 고이죠. 어쩌면 그 모습에 바로 전화기를 들어 주문하는 사람도 있을 것입니다.

피자에서 빼놓을 수 없는 '모차렐라 치즈'는 이렇게 쭉쭉 늘어지게 먹어야 제 맛이죠. 하지만 피자가 차갑게 식으면 치즈가 뻣뻣하게 굳어버릴 수밖에 없습니다. 모차렐라 치즈는 따뜻한 상태여야 잘 늘어나니까요. 이런 까닭에 배달 피자는 따뜻한 상태에서 얼마나 빨리 배달되느냐가 중요한 문제입니다. 배달을 전문으로 하는 피자업체에서 경쟁적으로 빠른 피자 배달을 내세운 마케팅을 펼칠 수밖에 없는 이유이기도 하죠.

한때 업계에서는 '피자 배달 30분제'라는 것을 실시하기도 했습니다. 주문과 동시에 30분 안에 배달을 완료하겠다는 뜻이죠. '피자 배달 30분제'가 실시되면서 초시계를 들고 시간을 잰 다음 30분을 넘기는 배달에 대하여 항의하거나 지불을 거부하는 사례도 있었다고 합니다.

그러나 이 '피자 배달 30분제'는 예비 대학생이었던 어느 꽃다운 10대 피자 배달원의 죽음이라는 커다란 희생을 치르고서야 폐지되었습니다. 아마도 2011년의 일이었던 것 같습니다. 아무리 신속한 배달이 사업의 성패를 가르는 중요한 문제일지라도, 배달원이 생명을 담보로 하는 속도 경쟁에 내몰려서는 안 된다는 여론이 뜨거웠죠. 이 사건 이후 업계에서도 겉으로는 자성의 목소리를 내고 '피자 배달 30분제'는 폐지되었습니다.

그러나 세상에 느릿느릿 배달된 피자를 원하는 사람은 아무도 없습니다. 여전히 피자 배달은 속도가 생명이고, 피자를 배달하는 오토바이들은 자동차 사이사이를 누비며 위험천만하게 거리를 질주하고 있습니다. 피자 산업의 규모가 커지면 커질수록 업체 간의 경쟁은 심화될 것이고, 업체 간의 경쟁이 계속되는 한 배달 오토바이의 위험한 질주 또한 멈추지 않을 것입니다.

안전 책임을 빗겨가는 배달 대행업체

최근에는 매장에서 배달기사를 직접 고용하는 대신에, 배달 전문업체를 통해서 배달을 시키고, 한 건당 배달비용을 지불하는 방식으로 바뀐 곳이 많습니다. 인건비의 상승과 장기적인 불황 속에서 매출과 상관없이 배달 인력을 유지하는 데 꼬박꼬박 들어가는 고정비용에 부담을 느낀 업체들의 궁여지책일 테죠. 그런데 편리한 점은 그것만이 아닌 것 같습니다. 업체에서 배달기사를 직접 고용하는 경우에는 사고가 나기라도 하면 해당 업체의 사장이 책임을 져야 하죠. 그렇기 때문에 사장은 만약의 사고로 인해 책임을 지는 불상사가 일어나지 않도록 최소한 형식적으로라도 누누이 '안전 운행'을 당부했습니다.

그러나 배달 전문업체를 이용하면서 그나마 실낱같이 가지고 있던 고용인에 대한 책임의식에서 벗어났죠. 마음 놓고 빠른 배달만 요구하며, 게다가 그 비용을 소비자에게 전가할 수도 있으니, 업체로서는 마다할 이유가 별로 없어 보입니다.

배달 대행업체가 우후죽순 생겨나면서 부족한 배달기사는 여러분과 비슷한 또래인 10대들로 채워지고 있습니다. 업체에서야 늘 배달기사가 모자라다 보니 원하기만 하면 누구든 묻지도 따지지도 않고 손쉽게 채용합니다. 당장 돈이 궁해 취업이 절실한 사람들에게는 솔깃한 일자리죠.

그런데 개별업체에 고용된 배달기사의 경우는 임금노동자로 분류되지만, 배달 대행업체에 속한 배달기사는 각자가 개인사업자로 분류됩니다. 그리고 대행업체의 배달기사가 되기 위한 근로 계약서에는 "각종 사고로 인한 인적 피해, 물적 피해 발생 시 회사에서 책임을 지지 않는다."고 명시돼 있습니다. 이 말은 곧 개인적으로 보험에 가입하지 않았다면 사고가 났을 때 그 어떤 보상도 받을 수 없다는 뜻입니다. 게다가 임금노동자가 아닌 개인사업자이므로 고용노동부의 보호를 받기도 어렵습니다. 그러나 연간 200만 원이 훌쩍 넘는 영업용 오토바이 보험료는 당장 몇 푼이 아쉬운 사람에게는 엄청난 부담일 수밖에 없죠. 특히나 단기 아르바이트생이라면 이러한 보험료를 감당하려니 배보다 배꼽이 더 클 수도 있습니다. 따라서 '설마 나한테 사고가 나겠어?'라는 심정으로 보험에도 가입하지 않은 채 오토바이들이 거리를 누비고 있습니다. 이런 상황에서 막상 사고가 나면 책임은 고스란히 배달기사의 몫이 됩니다.

실적, 즉 건수에 따라 수당을 주는 방식으로 운영되다 보니 배달기사에게 시간은 곧 돈입니다. 한 건이라도 더 많은 실적을 올리려면 무조건 속도가 생명이죠. 그러다 보니 교통 신호를 제대로 지키는 것조차 여의치 않습니다.

우리는 출출하거나 때론 TV 속 광고에 현혹되어 편안한 소파에 드러누운 채 클릭 몇 번으로 피자를 주문합니다. 물론 광고에서 봤던 그 모습대로 모락모락 김이 나는 상태로 쭉쭉 늘어지는 부드러운 모차렐라 치즈의 맛을 기대하면서 말이죠. 하지만 뜨끈뜨끈한 피자를 나에게 배달해주기 위해 누군가는 자신의 목숨을 담보로 한 위험한 질주를 해야 합니다. "그게 왜 내 탓이에요??" 아마 여러분은 이렇게 항변할 수도 있을 것입니다. 그러나 최소한 내가 먹는 피자 한 조각 속에 담겨 있는 여러 가지 의미들에 대해 한 번쯤 생각해보는 것도 필요하지 않을까요?

04
마실수록 깊어지는 갈증, 탄산음료에 중독되다

우리가 집에서 치킨이나 피자를 주문할 때면 빼놓지 않고 꼭 덧붙이는 말이 있습니다.

"콜라도요. 콜라 큰 걸로 가져다주세요!"

느끼한 음식을 먹을 때 탄산음료가 빠지면, 흡사 앙꼬 없는 찐빵처럼 뭔가 허전하고 영 섭섭하기 때문입니다.

패스트푸드의 영원한 단짝

절대 떨어질 수 없는, 영혼의 단짝처럼 햄버거나 피자, 치킨에는 항상 콜라나 사이다 같은 '탄산음료'가 그림자처럼 따라붙습니다. 아마 여러분은 어릴 때부터 탄산음료가 몸에 좋지 않다는 말을 귀에 딱지가 앉도록 들었을 것입니다. 하지만 느끼한 음식을 먹을 때 탄산음료가 빠지면 영 서운하죠. 그중에서도 콜라는 온갖 패스트푸드의 필수 아이템이 되었습니다. 패스트푸드의 소울메이트, 영원한 단짝처럼 절대 떼려야 뗄 수 없는 관계가 되어버린 거죠. 예컨대 여러분이 좋아하는 치킨, 피자, 햄버거, 심지어 영화관에서 먹는 팝콘까지도 콜라가 빠지면 뭔가 섭섭하지 않나요? 아니 섭섭한 정도가 아니라 뭔가 느끼한 음식을 먹을 때 콜라로 속을 달래주지 않으면 견딜 수 없을 정도일 것입니다.

몸에 그리 좋지 않은 줄 뻔히 알면서도 탄산음료에 대한 우리의 사랑은 식을 줄을 모릅니다. 2015년 2월 농림축산식품부와 한국농수산식품유통공사(aT)가 발표한 자료에 의하면 2014년 국민 1인당 생수나 우유 등을 제외한 가공음료 소비량은 하루 평균 185ml였습니다. 이는 종이컵(195ml) 기준 매일 한 컵 정도를 마시는 양이며, 이 중 44%가 탄산음료라고 하니, 국민 한 사람당 매일 종이컵 반잔의 탄산음료를 마시고 있는 셈이죠.

겨우 종이컵 반잔인데 무슨 문제냐고 할지도 모릅니다. 그러나 그 수치가 평균적인 수치임에 주목해야 합니다. 즉 평균이란 말 그대로 전체 소비량을 전체 국민의 수로 나눈 값입니다. 하지만 탄산음료와 같은 기호식품을 전혀 마시지 않는 사람도 많습니다. 따라서 평소 탄산음료를 즐겨 마시는 사람들만을 대상으로 수치를 계산한다면 그 양은 훨씬 더 커질 수밖에 없습니다.

2017년 발표한 식품산업통계정보시스템 자료에 따르면 탄산음료 소매시장 매출규모는 1조 1143억 원으로 2년 전인 2015년 1조

84억 원 대비 13.3%가 증가했습니다. 실로 엄청난 규모가 아닐 수 없습니다. 우리나라 음료업계에서 연 매출 1조 원이 넘는 제품은 탄산음료와 커피뿐입니다.

콜라냐 사이다냐, 이것이 문제로다

최근에 탄산음료와 달리 설탕이 안 들어간 탄산수의 인기가 오르고 있지만, 아직 그 영향력은 그리 크지 않습니다. 뭐니 뭐니 해도 전체 탄산음료 매출 중 으뜸은 연간 5,000~6,000억 원 가량 판매되고 있는 C사의 콜라와 4,000억 원대 ㅊ사의 사이다 등이 아직까지는 절대적입니다.

여러분도 느끼한 음식을 잔뜩 먹고 속이 더부룩할 때 마시는 콜라와 사이다의 맛을 잘 알고 있을 것입니다. 마치 초강력 소화제라도 들이킨 것처럼 막힌 속을 시원하게 뻥 뚫어주죠. 이러한 세간의 인식 때문인지 '사이다'는 아예 '속이 시원하다'는 뜻의 신조어로 사전에 등재되기까지 했습니다.

> 사이다
> 1. 성격이나 행동 따위가 시원스럽고 거침없는 모습을 보고 이르는 말. 2. '사이다다.'라는 말은 청량감이 있는 음료, 사이다를 마신 것처럼 속이 시원하다는 말이다. 반대말은 '고구마 같다.'

특이하게도 우리나라에서는 콜라의 아성을 넘보는 토종브랜드, ㅊ사의 사이다 성장세가 눈부십니다. 눈을 감고 마시면 콜라인지 사이다인지 잘 모르겠다는 사람도 있을 만큼 맛이나 청량감에서 별 차이가 없는데다가, 사이다 특유의 맑은 색이 인기에 한몫을 한 것 같습니다. 콜라가 몸에 좋지 않다는데, 콜라의 청량함과 시원함을 도저히 포기할 순 없고, 색소 없는 투명한 자태가 왠지 몸에 덜 해로울 것 같은 느낌적인 느낌? 뭐 그런 정도의 이유가 아닐까요?

국내에서 판매된 ㅊ사이다의 누적판매량도 약 196억병(340mℓ 병 기준)에 달한다고 하니, 한 병당 23.4cm인 제품을 모두 이을 경우 약 460만km입니다. 이는 지구에서 달까지(약 38만km) 6번이나 왕복할 수 있는 거리라고 합니다.

앞으로도 탄산음료의 인기는 쉽사리 식을 것 같지 않습니다.

"Thirst know No Season"

이 문구를 해석하면 '갈증에는 계절이 없다'는 뜻인데, 한 콜라 회사의 광고 문구입니다. 갈증은 끝없이 계속될 테니 사시사철 우리 콜라를 마시며 해소하시라는 기업의 속내가 담긴 것이죠. 그런데 여기서 우리가 생각해봐야 할 것이 있습니다. 과연 이런 탄산음료들은 우리를 진짜 시원하게 만들어줄까요? 광고 문구처럼 갈증은 시도 때도 없이 우리를 찾아옵니다. 희한하게도 콜라를 마시면 마실수록 말이죠. 시원함은 그저 찰나에 불과할 뿐입니다.

여러분은 아직 태어나기 전이거나 갓난쟁이 시절이라 마치 옛날이 야기처럼 들릴 테지만, 2002년 대한민국은 온통 월드컵의 열기로 뜨거웠습니다. 당시 우리나라 대표 팀을 이끌었던 거스 히딩크 감독은 16강 달성 이후, "I'm still hungry."라는 명언(?)을 남겼죠. 아직도 승리에 목마르다는 은유적 표현입니다. 그런데 마치 탄산음료기 그런 것 같습니다. 혹시 매일 탄산유료를 마시면서, "I'm still Thirsty."를 외치고 있지는 않나요? 마실수록 갈증만 부추기는 이 요망한 음료에서 왜 우리는 헤어나지 못하는 걸까요?

톡 쏘는 탄산음료야, 니들은 어디서 왔니?

콜라와 사이다의 비밀을 파헤치기 전에 먼저 기원에 대해 잠시 살펴봅시다. 콜라와 사이다로 대표되는 탄산음료, 영어로 하면 'Soda pop'입니다. 요즘과 같은 포장 기술이 없던 시절에는 탄산음료를 병에 담은 후에 코르크 마개로 막았는데, 코르크 마개를 딸 때면 '팝'(물론 우리 귀에는 '펑' 소리에 더 가까울 테지만) 하는 소리가 나서 '소다 팝'이라고 부르게 되었다고 합니다.

우리 인류는 언제부터 탄산음료를 마시기 시작했을까요? 탄산음료는 워낙 그 종류가 많다 보니 딱 한 가지로 그 기원을 정하기는 어렵습니다. 아마도 아주 먼 옛날 누군가 깊은 산속에서 탄산이 포함된 샘물을 마시면서 시작되었을 가능성이 큽니다. 세종대왕께서 눈병이 나서 요양하셨다는 '초정리 약수터'의 '광천수'도 자연산 사이다니까요. 물론 사이다처럼 단맛은커녕 조금 괴이한 맛이 나지만, 분명 톡 쏘는 탄산이 느껴집니다.

본격적인 의미에서 '탄산음료'가 기록에 등장한 것은 17세기에 이르러서입니다. 프랑스 시민들이 탄산수에 꿀이나 레몬을 첨가해서 먹었다는 기록이 남아 있죠. 어쩌면 우리나라의 초정리 사람들도 광천수에 꿀을 타서 마셨을지 모릅니다. 솔직히 광천수는 그냥 마시기에는 썩 유쾌한 맛이 아니니까요.

그러다가 1767년에 영국인 조셉 프리슬리(Joseph Priestley)가 최초의 인공 탄산수를 만들었고, 1832년에는 존 매튜(John Mathews)라는 미국인이 탄산수를 대량으로 만들 수 있는 '소다 파운틴(soda fountain)'이라는 기계를 발명하였습니다. 이렇게 만든 인공탄산수는 톡 쏘는 느낌에 천연 광천수와 마찬가지로 뭔가 쇠 맛이 났습니다. 이를 편하게 마시기 위해 인공 소다수에 향이나 당류를 첨가한 것이 바로 오늘날 우리가 즐겨 마시고 있는 탄산음료의 시작이죠.

콜라, 음료를 넘어 문화가 되다

세계인의 90%가 그 맛을 알고, 병의 모양까지도 기억한다는 초대형 글로벌 스타는 누굴까요? 여기 BTS도 울고 갈 어마어마한 인기를 누리는 음료가 있습니다. 10초마다 무려 13만 명이 사 간다는 음료계의 레전드. 바로 코카콜라입니다.

두뇌강장제? 소화제?

이 콜라의 원래 이름은 '프렌치 와인 코카'였다고 합니다.[23] 1886
년 약제사였던 존 펨버튼 박사(Dr. John Pemberton)는 코카잎 추출
물, 콜라나무 열매 그리고 시럽 등을 혼합하여 일종의 두뇌강장제
(Brain Tonic)를 개발했죠. 애초에는 시럽이 아니라 술을 넣어서 만
들었다고 합니다. 지금은 마약으로 분류되고 있지만 당시만 해도
진통제처럼 사용되던 코카 잎에, 각성효과가 뛰어난 콜라나무 열
매, 거기에 술까지 넣었으니, 아마 한 모금만 마셔도 정신이 번쩍
들지 않았을까요?

　당시 남부 애틀랜타는 남북전쟁의 패배로 인해 전쟁에서 몸을 다
친 사람들뿐만 아니라 패배감으로 마음을 다친 사람들도 많았죠.
그들에게는 심신의 고통을 잊게 해줄 뭔가가 필요했을 것이고, 아
마도 펨버튼이 만든 프렌치 와인 코카는 효과만점 음료였을 것입니
다. 아니나 다를까 사람들은 이 음료의 독특한 효과에 매료되었고,
불티나게 팔려나갔습니다. 그런데 이 음료는 때마침 내려진 '금주
령'으로 인해 위기를 맞게 되죠. 그러나 펨버튼은 오히려 위기를 기
회로 만들었습니다. 술 대신에 달콤한 사탕수수 액을 넣은 거죠. 그
리고 '위대한 금주용 음료'라며 대대적으로 광고했습니다. 처음에

....
23. 교원 위즈키즈 2018년 1월호 참조

는 시럽 형태로 판매되었는데, 우연히 탄산수를 섞어서 마시기 시작하면서 오늘날과 같은 콜라가 탄생하게 되었다고 합니다.

존 펨버튼 박사는 미국 조지아 주 애틀랜타에 있는 야콥 약국(Jacob's Pharmacy)에 이 음료를 납품하기 시작했고, 당시 약국의 경리 사원이었던 프랭크 로빈슨(Frank Robinson)은 두 개의 'C'자를 매치해 '코카-콜라(Coca-Cola)'라고 이름 붙였습니다. 이후 사업가인 아사 캔들러(Asa Candler)가 이를 대중화시켰죠. 오늘날에는 미국 문화의 상징이자 탄산음료의 대명사가 되었습니다.

이후 코카 잎의 환각 성분이 문제시되면서 1903년부터는 콜라에서 코카 잎은 빠졌지만, 아직도 콜라 맛의 비밀은 완전히 밝혀지지 않았습니다. 게다가 수많은 사람들이 콜라의 중독성에 빠져들면서 '콜라'에는 마약성분이 들어 있다는 소문도 꾸준히 나돌고 있죠.

슈퍼스타에게 라이벌이 없으면 어쩐지 김이 빠진 듯 섭섭하죠. 그런데 우연의 일치인지는 몰라도 코카콜라의 영원한 라이벌 펩시콜라 또한 1890년 칼렙 브래드햄이라는 약제사가 만들었는데, 이 또한 처음에는 약으로 출시되었습니다. 바로 소화제 용도였다고 합니다. 1903년에 회사를 설립하고 공식적으로 판매하게 된 이 콜라의 이름은 '소화'라는 뜻의 그리스어 'pepse(펩스)'에서 이름을 따 왔다고 합니다. 오늘날에는 탄산수가 오히려 위장을 자극하고 소화를 방해한다는 것이 밝혀졌지만, 당시만 해도 탄산수를 마셨을 때의 개운함 때문에 많은 사람들이 소화에 도움이 된다고 착각했던 거죠. 당시에는 의학이 발전하지 못한 상태라 섭취했을 당시의 현상만을 보고 두통 완화와 소화에 도움이 된다고 여겼던 모양입니다. 즉 코카 잎의 환각 작용이나 탄산음료를 마셨을 때 나오는 트림을 보고 효과가 있다고 생각한 거죠.

아이콘이 되다

뭐니 뭐니 해도 코카콜라의 인기에는 독특한 '병' 모양이 한몫을 했습니다. 이 병은 1915년 인디애나 루트 유리 공장의 알렉산더 사무엘슨과 얼 알딘이라는 사람들에 의해 고안되었는데, 1950년에는 유리병 주제에 시사주간지 〈TIME〉의 표지 모델이 되기도 했죠. 특정 상품이 커버를 장식한 것은 콜라가 처음이라고 합니다.

병의 아름다운 곡선은 여성의 몸에서 영감을 받았다고 알려져 있지만, 실은 브리태니커 사전에 실린 코코아 열매 일러스트의 흐르는 듯한 세로선을 보고 만들었다고 합니다. 살바도르 달리, 앤디 워홀 같은 유명 화가들의 그림 소재가 되기도 한 코카콜라는 명실상부 20세기 최고의 대중문화의 아이콘이 되었습니다.

> 내가 미국이 대단하다고 생각하는 이유는 부자나 가난한 사람이나 똑같은 것을 소비한다는 점 때문이다. 우리는 텔레비전을 보고 코카콜라를 마시는데, 대통령이나 엘리자베스 테일러도 우리와 똑같은 코카콜라를 마신다. 코카콜라는 코카콜라일 뿐이다. 돈을 더 준다고 더 나은 코카콜라를 마실 수는 없다.
> — 앤디 워홀

인천 앞바다에 사이다가 떴어도…

만약 여러분이 미국에 여행을 가서 '사이다'를 주문한다면 기대한 그 음료가 아니라 사과 발효 음료를 받게 될 것입니다. 왜냐하면 사이다는 원래 유럽에서 사과를 발효시켜 만든 알코올성 음료, 즉 사과술을 말하기 때문이죠. 우리가 통상적으로 '사이다'라고 부르는 음료를 미국에서는 레몬라임 음료라고 부릅니다. 만약 우리가 생각하는 바로 그 '사이다'를 원한다면, 주문할 때 'Sprite(스프라이트)'나 '7-up(세븐업)' 같은 브랜드 네임으로 말해야 하죠.

그렇다면 이 투명하고 톡 쏘는 음료의 이름, '사이다'는 어디에서 왔을까요? 사이다의 어원은 독주(毒酒)를 뜻하는 라틴어 '시케라(sicera)'입니다. 사과과즙으로 만든 사과술이었죠. 이 시케라가 프랑스에서는 시드로(cidre), 영국에서는 사이다(cider)라고 불렸습니다. 이 사과술이 1853년 무렵 일본에 전래되었고 이후 복합향료를 사용한 '샴페인사이다'라는 이름의 탄산음료가 개발되어 그 이름이 우리나라에 들어와서 그대로 굳어졌죠.

'사이다' 하면 우리가 가장 먼저 떠올리는 노래가 있습니다.

"인천 앞바다에 사이다가 떴어도 고뿌가 없으면 못 마십니다."

여러분에게는 까마득한 옛날인 1960년대 한 코미디언이 유행시킨 말인데, 수년 전에 방송된 한 드라마 때문에 다시 유행어가 되기도 했죠. 그렇다면, 왜 하필 인천일까요? 인천의 향토연구가 조우성 (57·시인)씨가 펴낸 "인천이야기 100장면"의 '사이다' 편에 의하면, 인천 앞바다에 등장하는 사이다는 지금은 사라진 브랜드인 '스타 사이다'라고 합니다. 일본인이 만든 이 '스타 사이다'는 이후 서울지 역에서 만든 ᄎ사이다의 인기에 밀리고 말았지만, 그때만 해도 인 천 앞바다에 둥둥 떠다니는 사이다 병을 쉽게 발견할 수 있을 만큼 인기가 대단했다고 합니다.

여러분의 부모님 세대가 어린 시절을 보낸 1980년대와 그 이전 만 해도 소풍을 가거나 기차를 탈 때는 삶은 달걀과 사이다 한 병 이 필수 아이템이었을 만큼 국민적 인기를 얻었죠. 급기야 사이다 는 '속이 시원하다'는 신조어로 버젓이 사전에 실리기까지 했으니, 이제 '사이다'는 가히 우리나라 대표 음료가 된 것 같습니다. 아마도 오랜 시간 서민들의 삶과 함께 해온 것이 그 비결 아닐까요?

안 마신 사람은 있어도 한 번만 마신 사람은 없다는 콜라 맛

다시 콜라 이야기를 좀 더 해볼까요? 코카콜라가 세계적인 인기를 얻으면서 맛의 비밀에 대한 세간의 관심도 높아졌습니다. 높아진 관심과 함께 온갖 추측이 난무하기도 했죠. 세상에 절대 알려지면 안 되는 비밀스러운 성분이 들어 있다는 둥, 콜라 맛의 비밀은 본사 에서도 딱 두 사람만 아는데 그들은 절대로 같은 비행기를 타지 않는다는 둥 수많은 사람들을 매료시킨 콜라 맛의 비밀은 이처럼 무성한 이야기들을 낳고 있습니다.

신비주의로 포장된 콜라의 맛

솔직히 오늘날과 같이 과학기술이 엄청나게 발전한 시대에 이 성분 하나를 제대로 분석해낼 수 없다는 게 어쩐지 말이 좀 안 됩니다. 인간을 능가하는 AI가 등장하는 마당에 그깟 음료 맛의 비밀조차 밝혀낼 수 없다는 게 상식적으로 잘 납득되지 않으니까요. 실제로 코카콜라와 거의 유사한 맛을 내는 여러 음료가 시도되기도 했지만, 그럼에도 불구하고 맛의 비밀을 굳건히 수호하고 있다고 사람들이 믿는 것은 혹시 코카콜라 회사의 신비주의 마케팅에 속고 있는 결과가 아닐까요?

아무튼 그 맛의 비밀이 뭔지는 잘 모르겠지만, 끊임없는 연구의 결과임에는 틀림없습니다. 어떤 소비가 주는 만족도의 최대치, 즉 욕망이 충족된 상태를 가리켜 도달할 '지(至)', 복 '복(福)' 자를 써서 '지복점(至福點)'이라고 합니다. 음식에서 지복점이란 음식이 가장 맛있다고 느끼게 하는 정확한 당도[24]를 말해요. 탄산음료를 개발하는 회사에서는 중독성 있는 맛을 찾아내서 맛에 대한 '지복점'을 찾아내기 위해 끊임없이 연구를 거듭하죠. 한 번 '지복점'을 맛본 소비자는 다시 그 맛을 찾을 수밖에 없고, 자기도 모르는 사이에 그 맛

....
24. 마이클 모스(2013), 《배신의 식탁》, 명진출판, 54쪽

에 길들여지니까요. 행복에 이르게 하는 지점이라니. 참으로 놀랍지 않나요?

하지면 여기서 문제는 이 '지복점'을 찾기 위한 실험 대상이 대체로 어린이라는 것입니다. 어린 아이는 성인보다 설탕에 약하고, 실제로 단맛을 좋아한다고 합니다. 이것이 타고난 것인지 설탕 범벅의 가공 식품에 중독된 결과인지는 알 수 없습니다. 어쩌면 '닭이 먼저냐, 달걀이 먼저냐' 하는 문제와 같은 것인지도 모르죠. 그래서 탄산음료는 계속해서 더욱더 단맛을 지향합니다. 단적인 예로 마트에서 살 수 있는 355ml 콜라 한 캔에 들어 있는 설탕의 양은 무려 39g입니다. 즉 콜라 한 캔만 마셔도 세계보건기구(WTO)의 하루 설탕 권장량인 25g을 훌쩍 넘기게 되는 셈입니다.

한 번 빠지면 헤어날 수 없는 맛

날마다 탄산음료를 즐기는 사람조차 이것이 '건강의 적'이라는 데 대해서는 이의를 제기하지 않습니다. 즉 탄산음료가 몸에 해롭다는 건 이제 공공연한 사실입니다. 미국에서는 2005년 캘리포니아 공립학교 안에 콜라 자판기 설치를 금지했으며, 우리나라도 2006년 초·중·고교 내의 매점에서 탄산음료를 판매하지 못하도록 규정하였고, 같은 해 영국에서는 콜라를 정크푸드로 분류하였습니다.

그런데 왜 콜라를 포함한 탄산음료가 건강에 안 좋을까요? 콜라의 성분을 대략적으로 살펴보면 정제수, 백설탕, 탄산가스, 캐러멜색소, 인산, 합성착향료, 카페인 등으로 구성되어 있습니다. 그리고

pH 2.5 정도의 강산성 음료입니다. 정제수를 빼면 모든 구성성분들이 저마다 문제점을 안고 있죠. 예컨대 백설탕은 당뇨와 비만, 합성착색제(캐러멜색소)와 합성착향료는 합성화학물질로 우리 몸에서는 비자기 물질로 받아들여져 온갖 문제를 일으킵니다. 신맛을 내는 조미료인 인산은 뼈 건강에 악영향을 미치죠. 칼슘과 인은 2:1 정도로 조합되어야 하는데, 인이 과잉되면 칼슘을 녹여 몸 밖으로 배출시키기 때문입니다. 이것은 성장기 아이의 뼈를 약하게 하며, 무엇보다 치아 건강에 악영향을 미칩니다.

콜라의 맛과 향을 내는 데는 원래 코카나무 추출액인 코카인을 썼지만, 이것이 마약성분으로 밝혀져 대체물질로 카페인이 사용되기 시작됐습니다. 하지만 카페인은 잘 알려진 바와 같이 각성효과와 함께 심장질환 유발, 미네랄 결핍증 초래, 위 점막 손상 등의 다양한 문제를 일으킵니다. 그리고 콜라와 같은 강산성 물질이 우리 몸에 들어오면 체내 각 조직과 기관, 호르몬에 악영향을 미치게 됩니다.

최근 '비만'이 사회문제가 되고 있습니다. 단지 외적으로 뚱뚱해 보이는 수준을 넘어 온갖 질병의 잠재적 위험요인을 높이는 것으로 드러나면서 전 세계적인 골칫거리로 부상했죠. 이에 비만의 주범으로 탄산음료가 다시 주목받고 있습니다. 탄산음료에 들어 있는 다량의 당분 때문이죠. 오히려 과일음료의 당분 함유량이 더 높다는 점을 들어 굳이 '탄산음료'를 비만의 주범으로 몰아가는 게 부당하다는 주장도 있습니다. 그러나 단위 리터당 설탕 함유량이 아니라 하루 섭취량이 문제입니다. 그만큼 탄산음료는 일반 과일음료에 비해 한 번에 훨씬 더 많이 마신다는 뜻이죠.

1995년 통계에 의하면 미국 어린이 3명 중 2명이 매일 500ml의 콜라를 마신다고 합니다. 하루에 콜라 한 캔이 무슨 문제인가 싶기도 합니다. 그런데 앞에서도 잠깐 얘기했지만, 문제는 이것이 전국 평균이라는 점입니다. 콜라를 전혀 마시지 않는 아이들을 제외하면 누군가는 두 캔, 아니 그 이상을 마시는 셈이니까요. 그리고 영악하게도 콜라 회사는 바로 이들을 공략하는 전략을 펼칩니다. 그들은 콜라를 아예 마시지 않는 사람들이 콜라를 마시게 하는 데는 별로 관심이 없습니다. 콜라를 좋아하는 사람들이 계속해서 마시도록 하는 데에 총력을 기울이죠. 즉 사람들이 콜라에서 헤어날 수 없도록 중독을 시키는 것입니다. 네, 바로 이 중독성이 문제입니다.

마시면 마실수록 더 큰 갈증을 느껴야 하고, 몸에 나쁜 것을 뻔히 알면서도 한 번 빠져들면 계속 찾게 되는 것이 바로 콜라를 비롯한 탄산음료의 무서운 점입니다. 그런데 무서운 점은 거기서 끝나지 않습니다. 이제는 음료를 담고 있는 일회용 용기 또한 더 이상 방치할 수 없는 골치 아픈 문제가 되어 우리를 공격하고 있으니까요.

골칫덩이 음료수병

일회용기가 비단 콜라, 사이다와 같은 탄산음료만의 문제는 아닐 것이나, 시판용 음료들은 하나같이 알루미늄 캔 아니면 페트병 또는 플라스틱 컵에 담겨 있습니다. 찰나의 갈증 해소를 위해 우리가 가볍게 마시고 버리는 음료수병들로 인해 지구가 얼마나 몸살을 앓고 있는지 한 번쯤 생각해봐야 할 때입니다.

넘쳐나는 일회용품과 플라스틱 쓰레기들은 이제 일부 국가의 문제가 아닌 전 세계적인 문제가 되고 있습니다. 쓰레기가 된 플라스틱이 우리 인간을 공격하기 시작한 거죠. 혹시 여러분은 '플라스틱 아일랜드(plastic island)'라는 말을 들어본 적이 있나요? 이 섬은 북태평양에 있는 하와이와 캘리포니아 사이에 있는 약 155만㎢ 넓이의 거대한 섬으로 1997년 찰스 무어가 발견했죠. 지도에도 존재하지 않던 이 엄청난 크기의 섬은 바로 바다를 떠돌던 플라스틱 조각들로 이루어진 것입니다. 플라스틱 아일랜드를 조사한 '오션 클린업 파운데이션'에 따르면 섬을 이루고 있는 플라스틱 쓰레기의 개수는 약 1조 8,000개, 무게는 8만 톤으로, 이는 초대형 여객기 500대와 맞먹는 무게입니다.

미세플라스틱의 습격

세계경제포럼(WEF)은 "현재 속도로 해양오염이 진행될 경우 오는 2050년에 이르면 물고기보다 플라스틱 쓰레기의 양이 더 많을 것"이라고 경고했습니다. 바다의 자정 작용을 뛰어넘은 엄청난 플라스틱 쓰레기의 공세는 해양 생태계에 심각한 피해를 주고 있죠. 2018년 SBS 스페셜로 방송된 〈식탁 위로 돌아온 미세플라스틱〉을 보면 바다에 버려지는 플라스틱은 파도와 바람에 휩쓸리며 점점 작게 분

쇄돼 크기가 5㎜ 이하인 '미세플라스틱'으로 변한다고 합니다. 이렇게 작아진 미세플라스틱을 플랑크톤이 먹고, 이 플랑크톤을 새우나 생선 등이 먹게 되면 결국 먹이사슬의 끝에 존재하는 인간의 안전마저 위협하게 될 것입니다. 최근 시판되는 생수, 어패류, 심지어 소금에서도 미세플라스틱이 발견되었다는 연구 결과가 발표되고 있습니다. 이는 이미 이러한 문제가 우리의 현실을 위협하는 심각한 수준이 되었다는 점을 잘 보여줍니다.

딱히 환경 문제에 큰 관심이 없다고 해도, 당장 우리 집 밥상 위에 거의 매일 올라오는 음식들 속에서 이렇게나 많은 미세플라스틱이 들어 있다는 것은 가히 충격적이지 않나요? 어쩌면 우리는 밥상 앞에서 매일매일 소량의 미세플라스틱을 계속 섭취하고 있는지도 모릅니다. 편리함의 추구라는 인간의 이기적인 욕망이 가져온 피해는 환경을 넘어 이제 다시 우리 인류에게로 고스란히 되돌아오고 있습니다.

05
편의점 간편식의 무시무시한 진화

여러분은 일주일에 몇 번이나 편의점에 가나요? 한 번? 두 번? 세 번? 아니면 혹시 매일? 청소년들은 물론 우리 어른들에게도 편의점은 무엇을 사 먹을까 고민하는 재미가 있는 공간입니다. 여러분도 출출할 때면 편의점에 잠시 들러 이것저것 골라 먹는 재미가 제법 쏠쏠할 것입니다.

편의점 먹거리 하면 제일 먼저 떠오르는 삼각 김밥만 해도 그렇습니다. 어찌나 다양하게 구비되어 있는지, 매콤달콤한 맛부터 짭조름한 맛, 고소한 맛 등 선택 장애를 일으킬 정도입니다. 게다가 먹거리를 이것저것 선택해도 대체로 가격이 저렴하다 보니 비교적 싼값에 배를 채울 수 있습니다. 그런데 편의점에서 파는 음식은 여유롭게 음미하기보다 허겁지겁 쑤셔 넣기에 바쁘죠. 그래서인지 몰라도 배는 부른데, 마음은 허전하달까요?

일코노미 시장의 급성장과 편의점 간편식

편의점에서 정신없이 때우는 식사만 봐도 그렇지만, 현대인에게 식사는 더 이상 가족이나 친구와 함께 정을 나누는 따뜻한 시간이라기보다는 그저 없는 시간을 쪼개 허겁지겁 뱃속만 채우기 바쁜 삭막한 시간이 되어가는 것 같습니다. 1인 가구가 꾸준히 늘어나고 있다고 합니다. 국가통계포털에 의하면 2017년 우리나라 1인 가구 수는 전체 가구 수의 28.6% 에 달합니다. 1980년대에 4.8%였던 것과 비교하면 실로 엄청난 변화입니다.

2016년 통계청 자료에 의하면 우리나라에서 1인 가구가 늘어나는 이유는 첫째, 결혼을 꺼리는 여성으로 대표되는 자발적 1인 가구의 증가, 둘째는 취업 준비를 위한 비자발적 1인 가구 증가, 셋째, 고령화 사회로 인한 독거노인의 증가 등이라고 합니다.

그래서인지 '얼로너(Aloner)'라는 신조어도 생겼습니다. 얼로너란 '먹고 자고 소비하고 즐기는 것 따위를 모두 혼자서 하는 사람'을 말합니다. 복잡한 인간관계에 대한 권태기, 즉 '관태기'에 빠진 현대인들에게 누구의 구속도 받지 않고 자유롭게 혼자 사는 삶은 얼핏 보기에 꽤 부러운 삶이기도 합니다. 혼자 사는 연예인들의 삶을 엿볼 수 있는 〈나 혼자 산다〉라는 텔레비전 프로그램이 인기를 끌고 있는 것만 봐도 잘 알 수 있죠.

그러나 통계청과 국토교통부 자료에 따르면 1인 가구의 평균 가처분소득은 142만 원이고, 그중 30% 가량을 주거비로 지출한다고 합니다. 이 말은 결국 대부분의 1인 가구는 경제적으로 여유가 없는 빠듯한 처지이며, 텔레비전에서 볼 수 있는 화려한 럭셔리 싱글라이프는 극히 일부의 이야기라는 뜻이죠.

1인 가구의 증가에 따라 여러 가지 사회문제도 발생하고 있습니다. 주거 및 건강 문제를 비롯해 복지의 사각지대에 내몰린 중장년층 얼로너들에 대한 문제, 고독사 문제 등이죠. 그러나 이러한 심각한 사회적 문제를 뒤로한 채 자본의 레이더망에는 이들 1인 가구가 새로운 소비 계층으로 포착되고 있습니다. 그렇기 때문에 이들을 위한 일코노미(1인+이코노미) 시장도 주거, 가전, 식품 등 분야를 가리지 않고 진화를 거듭하고 있죠.

대세로 떠오른 편의점 간편식

대표적인 일코노미 시장을 꼽는다면 아마 편의점 간편식 시장이 아닐까요? 일코노미 시장의 급성장과 함께 편의점 간편식이 대세로 떠오르고 있습니다. 조금 과장해서 말하면 자고 일어나면 주변에 편의점이 하나씩 늘어나고, 새로운 간편식 또한 속속 등장하는 것 같습니다. 이와 함께 편의점 간편식의 판매율도 날이 갈수록 급증하고 있죠.

취업포털 잡코리아가 2018년 직장인을 대상으로 한 설문 결과를 보면 편의점 등에서 사온 음식으로 점심을 간단히 해결하는 직장인은 9.8%에 달한다고 합니다. 2017년의 6.1%보다 3.7%포인트 늘었습니다. 가성비를 따져도 그렇고, 짧은 점심시간에 밥을 먹기 위해 식당에 줄을 서서 기다리며 시간을 쓰는 대신에 그 시간을 다르게 쓰고자 하는 거죠. 1인 가구 증가뿐만 아니라 바쁜 현대인의 생활 방식 변화도 간편식 판매량의 증가에 한몫하고 있는 셈입니다.

이러한 여세를 몰아 업체에서는 다양한 종류의 간편식을 계속해서 개발하고 있습니다. 불과 몇 년 전만 해도 기껏해야 컵라면이나 심각 김밥 정도기 떠오르는 수준이었건만, 이제는 없는 음식이 없을 정도가 되었죠. 물론 아직까지도 편의점 간편식 매출의 1위는 34.9%를 차지하는 삼각 김밥이라고 합니다. 날마다 삼각 김밥을 먹는 단골손님에게, "삼각 김밥 지겹지도 않아요?"라고 물었더니, "그래서 매일 다른 맛으로 먹잖아요."라고 하더랍니다. 그만큼 삼각 김밥은 다양한 종류를 자랑하죠. 국민 간편식 라면도 만만치 않습니다. 한 조사 결과에 의하면 한국인 1명당 라면 소비량은 무려 연간 76개로 세계 1위이며, 이는 평균 4~5일에 라면 한 개씩을 먹는다는 뜻입니다.

간편식의 트렌드는 라면과 같은 건조식품에서 'ㅇㅇ 카레'와 같은 레토르트 식품으로, 이제는 밥, 국, 탕과 같은 본격적인 요리로까지 발전해가고 있습니다. 최근에는 정성의 상징인 육개장이나 삼계탕 같은 보양식마저 간편식으로 판매되고 있죠.

최근에는 삼각 김밥을 위협하는 도시락의 추격세가 만만치 않습니다. 도시락은 최근 1년 새 판매규모가 63.1% 급증하며, 점유율 34.5%를 기록해 삼각 김밥을 바짝 뒤따르고 있어요. 아마도 삼각 김밥의 아성이 무너질 날도 머지않은 것 같습니다.

편의점은 어떻게 시작된 걸까?

우리 주변에서 가장 흔하게 볼 수 있는 편의점은 '씨유(CU)'와 지에스25(GS25)'지만, 원조는 '세븐일레븐(SEVEN-ELEVEn)'입니다. 특이하게도 상호의 마지막 'n'자를 소문자로 쓰죠. 아무튼 이 세븐일레븐 편의점은 1927년 미국 텍사스 주 달라스의 작은 제빙회사였던 '사우스랜드'가 설립하였습니다. '세븐일레븐'이라는 이름도 사실 일반적인 소매점들은 문을 닫는 시간인 오후 7시부터 11시까지 영업한다는 뜻으로 붙인 이름입니다.

우리나라 최초의 편의점은 1981년 반포에 세운 '뉴타운'이었으나, 현재와 같은 편의점의 기능을 제대로 살리지 못하고 결국 슈퍼마켓으로 바꾸어 운영하였다고 합니다. 그 후에도 여러 시도가 있었으나 당시의 라이프 스타일보다 너무 앞서나간 탓인지 정착에 어려움을 겪다가 폐업하거나 업태를 전환했죠.

본격적인 의미에서 우리나라 편의점 1호는 1989년 5월에 오픈한 세븐일레븐 올림픽 선수촌점입니다. 전 세계 편의점의 효시이기도 한 세븐일레븐은 원래 미국계 회사였지만, 1991년 일본으로 경영권이 넘어갔습니다. 이후 대기업들이 선진국형 프랜차이즈 편의점을 앞 다투어 열기 시작하면서 바야흐로 본격적인 편의점 시대가 열리게 되었죠.

이렇게 시작된 편의점은 2018년 8월말을 기준으로 전국에 41,300개가 성업 중입니다. 국민 1인당 매장 수를 기준으로 했을 때 '콘비니(편의점의 일본식 이름)' 왕국으로 불린 일본과 비교해도 무려 2배 이상이나 많은 수입니다. 그야말로 대한민국은 편의점 공화국이 되었습니다. 1인 가구의 증가와 생활양식의 변화가 더해져 이제 편의점은 단순한 물건 판매를 넘어서서 다양한 생활의 플랫폼으로서 그 시장을 더욱더 넓혀가고 있으며, 성장 속도도 더욱 빨라지고 있습니다.

편의점 대박 신화에 불을 지핀 구멍가게 문화

1인 가구의 증가와 생활양식의 변화만으로 이유를 설명하기에는 유독 우리나라 편의점의 급속한 성장세가 두드러집니다. 전상인의 책 《편의점 사회학》(민음사, 2014)을 참고하면, 그 이유를 다음의 몇 가지로 정리할 수 있습니다.

그 첫째는 대기업 중심의 프랜차이즈화된 영업 방식을 꼽을 수 있습니다. 대기업의 든든한 광고 지원과 함께 프랜차이즈 체인점 방식이다 보니 가맹점을 쉽게 모집할 수 있었죠. 가맹점주의 입장에서도 본사의 지원 아래 상대적으로 적은 초기 투자비용으로 일단 사업을 시작해볼 수 있습니다. 우리나라는 유통업 프랜차이즈 비율이 매우 높은데, 특히 편의점의 프랜차이즈화 비율은 90%에 이른다고 합니다.

둘째는 1980년대에서 1990년대에 이르는 우리나라의 사회적 분위기 변화를 들 수 있습니다. 군부 독재하에서 실시했던 '야간통행금지'로 인해 오랫동안 밤을 빼앗겼던 우리나라는 1982년 '야간통행 금지'가 해지되고 나서 '밤 문화'가 크게 일어났죠. 사람의 심리라는 것이 원래 오랫동안 못하게 말리던 걸 하게 되면 봇물 터지듯 걷잡을 수 없게 되는 것과 같은 이치랄까요? 여기에 80년대 해외여행 자율화 조치와 1986년 아시안 게임과 1988년 올림픽의 성공적 개최로 인한 문화적 세계화에 대한 열망이 커진 것도 중요한 이유입니다. 좁고 어두침침했던 우리네 전통적 구멍가게와는 확연히 구분되는 '서양식 구멍가게'의 밝고 세련된 외관이나 버터 냄새 풀풀 나는 서양식 상호명 등이 이러한 열망에 부응한 거죠.

셋째, 경제 성장의 수혜자로서 신세대의 부상, 여성의 사회·경제적 지위 향상으로 인한 새로운 소비 계층의 성장 등도 빼놓을 수 없습니다. 굶주림의 상징인 보릿고개를 기억하는 옛날 세대와 달리 이들은 먹고 사는 문제에서 해방되어 일상의 문화를 향유하고, 소비를 중시하며, 상품의 기능보다 이미지를 중시하죠. 여기에 서구식 생활문화에 대한 신세대의 선망과 동경을 적절히 반영한 편의점 업계는 눈부신 성장을 거듭하였습니다.

넷째, 1980년대 후반 우루과이 라운드 협상 이후 세계화라는 이름으로 다른 나라의 자본이 대거 유입되고, 1996년 이후 유통시장이 전면적으로 개방되면서 국내 소매업이 대형화되고 기업형으로 변모된 것 또한 중요한 이유입니다. 이로 인해 동네에서 흔히 볼 수 있던 구멍가게나 동네 슈퍼와 같은 생계형의 소규모 점포는 하나둘씩 사라졌죠. 철저하게 자본의 논리와 약육강식의 논리가 적용되어, 경쟁에서 패한 소규모 점포들의 자리를 자본을 앞세운 편의점이 차지하며 노포[25]들을 제치고 전국 곳곳으로 퍼져나간 것입니다. 이제 우리나라 편의점 업계는 몇몇 대기업이 독식하고 있는 체제로 굳어지고 있습니다.

다섯째, 1980년대 말 소련의 붕괴 이후 1990년대 자본주의의 급성장도 하나의 이유입니다. 성장을 멈추는 순간 궤멸할 수밖에 없는 자본주의 체제는 새로운 성장의 활로를 찾아야 했으며, 그 새로운 개척지로서 밤의 시간에 주목해 항상 깨어 있는 세계, 즉 24시간 깨어 있는 세상을 만들어냈죠. 그 와중에 25시간을 서비스하겠다고 이름에 '25'를 붙인 업체도 있을 정도니까요.

여기에 덧붙이면 과거부터 이어져온 우리나라의 구멍가게 문화도 편의점의 성장에 한몫했다고 여겨집니다. 지금은 대형마트의 카트 안을 꽉꽉 채우며 한꺼번에 장을 보는 게 일상적인 모습이 되었지만, 사실 이는 미국식 소비 패턴으로 우리의 과거는 이와 사뭇 달랐습니다. 과거 우리나라는 예전부터 동네마다 집 근처에 구멍가게 하나씩은 다 있었죠. 그래서 우리는 꽤 오랫동안 '풀 방구리에 생쥐 드나들 듯'[26] 매일매일 출퇴근길에 오며가며 구멍가게에 들러 그날그날 필요한 먹거리를 한두 가지씩 사 가는 데 익숙합니다. 역설적

---

25. '늙은 점포'라는 뜻으로 '대대로 물려 내려오는 점포(店鋪)'를 말한다.
26. 자꾸 들락날락하는 모양을 이르는 속담으로 '풀 방구리(순우리말)'는 풀을 담아 놓은 작은 질 그릇을 말한다. 여기서 '풀'은 '쌀이나 밀가루 따위의 전분질에서 빼낸 끈끈한 물질'이다.

이게도 이러한 문화 때문에 편의점이 동네 구멍가게를 순식간에 잠식할 수 있었던 건 아닐까요?

맥도날드화의 공식을 철저히 따르다

앞서도 이야기했던, 미국의 사회학자 조지 리처가 말한 개념인 맥도날드화를 기억할 것입니다. 맥도널드의 조직 원리와 운영 시스템이 사회의 전 영역에 걸쳐 세계 도처로 확산되는 추세를 말합니다. 그리고 편의점이야말로 바로 이 맥도날드화가 철저하게 이루어지고 있는 곳이죠.[27]

첫째, 편의점은 맥도날드와 마찬가지로 저렴한 가격과 빠른 시간 안에 한 끼를 그럴듯하게 해결할 수 있는 효율성을 가집니다. 둘째, 가격 대비 양적으로 모자람이 없다는 점에서 계산성도 우수하죠. 셋째, 음식의 질과 양이 표준화되어 있어서 주문에 실패하는 일이 없으니 예측가능합니다. 넷째, 셀프서비스 원칙을 앞세운 자동화를 통한 통제성입니다. 리처가 말한 이러한 '쇼핑의 맥도날드화'를 편의점도 고스란히 따르고 있죠.

게다가 편의점은 IT기술의 혜택을 가장 적극적으로 활용하고 있는 곳이기도 합니다. 편의점은 판매 시점 정보관리 시스템 혹은 포

----

27. 전상인의 《편의점 사회학》 74~87쪽을 참고하였다.

스(POS) 시스템을 중심으로 운영되는데, 이것은 판매 시점에서 스캐너가 상품의 바코드를 읽어냄과 동시에 팔려나간 품목, 가격, 수량 등의 정보가 자동적으로 입력되는 시스템입니다. 이를 통해 항상 적정 재고량 및 주문량이 유지되며 날씨나 상황에 따라 상품의 양이 자동 조절되기도 합니다.

편의점은 정해진 매뉴얼에 따라서 원칙대로 움직이는 공간입니다. 그렇기 때문에 손님과 점원의 관계는 마치 인간과 로봇 간의 기계적 관계와 같습니다. 점원은 주어진 업무 규정과 절차에 따라 바코드 스캐너로 물건 값을 읽고 계산만 하면 되니까요. 모니터가 손님 쪽을 향해 있기 때문에 손님 역시 아무 말도 할 필요가 없습니다. 서로 한 마디도 나누지 않아도 되는 구조이니 어찌 보면 참으로 편리한 운영 방식이 아닐 수 없습니다. 이를 두고 어떤 이들은 '무관심의 배려'라고 정의하기도 했습니다. 타인의 관심을 불편해 하는 현대인의 특성이 반영된 거겠죠.

이렇게 편의점은 손님과 점원 간의 비인격적 만남을 전제로 하는 공간이 되었습니다. 편의점의 점원은 대부분 아르바이트생이므로 이러한 비인격적 관계는 더욱 심화됩니다. 언제든지 그만둘 수 있는 자리이므로, 아르바이트생들은 손님들과 관계를 맺을 필요도 없으며, 관계를 맺고자 하는 의지 또한 없습니다. 이러한 공간 속에서 현대인들은 점점 더 개별화되고 있습니다. 최근의 한 조사에 의하면 편의점에서 판매되고 있는 간편식 도시락 84개 중 70개가 '혼밥용'이라고 하는데, 서글픈 생각이 드는 건 왜일까요?

정보화 사회의 새로운 권력으로 떠오르다

우리가 눈여겨봐야 할 점이 또 하나 있습니다. 바로 편의점이 새로운 권력으로 성장하고 있다는 점입니다. 한 집 걸러 편의점이 있다 보니 이미 편의점은 전국적으로 엄청난 네트워크 조직을 갖게 되었습니다. 현대사회는 정보가 곧 권력이 되는 시대입니다. 편의점 시스템의 철저한 기계화로 인해 고객의 모든 소비 행태는 기록으로 남게 되죠. 그렇게 만들어진 빅데이터는 이제 편의점 업계의 무시무시한 무기가 되고 있습니다.

우리나라 최남단 마라도에서 동쪽으로는 울릉도까지, 지금은 비록 폐쇄되었지만, 편의점은 심지어 개성공단에까지 진출했습니다. 그리고 이러한 유통망은 이미 엄청난 권력이 되고 있죠. 이제 편의점은 단순히 물건을 사고파는 곳을 넘어서서 술집, 카페, 은행, 우체국 등 공공기관과 문화 공간마저 흡수하는 만능 복합 생활 거점으로 성장하여 유통업계를 싹쓸이하듯 집어삼키는 블랙홀이 되어가는 중입니다.

우리가 짚고 넘어가야 할 문제는 편의점의 이러한 성장이, 지역사회 생활문화의 플랫폼으로 지역사회의 공동체성에 기여하지 못하는 데 있습니다. 편의점의 성장에 따라 지역 경제는 세계화를 기반으로 하는 거대 자본에 흡수될 뿐이죠.

예를 들어볼까요? 예전에는 지역사회에 기반을 둔 업주들이 구멍가게를 운영하면서 자신이 속한 지역사회에서 생산된 두부며 콩

나물 등을 떼어다 팔았습니다. 그렇기 때문에 구멍가게의 매출은 고스란히 지역 경제의 발전으로 되돌아왔죠. 또한 동네 터줏대감 격인 구멍가게는 지역민들과의 친밀한 인간관계를 바탕으로 동네에서 일어나는 온갖 이야기를 전하는 소통의 창구로서도 기능했습니다. 온 동네를 하나로 묶어주는 역할을 했던 거죠. 물론 때로는 은밀한 소문의 진원지가 되어 말썽을 일으키기도 하였지만 말이죠.

하지만 지금은 어떠한가요? 동네 구멍가게의 자리를 꿰찬 편의점은 판매자와 고객 간의 소통이 굳이 필요 없는 공간입니다. 그러한 편의점이 세계화에 대한 열망, 트렌드를 좇는 이미지화된 소비, 새로운 소비 계층의 과시적 소비문화를 바탕으로 성장을 거듭하며, 언제부터인가 우리 사회 전반을 지배하고 있습니다. 게다가 우리 사회의 양극화가 심해지면서 결국은 사회적 약자나 서민들이 편의점의 주된 고객층이 되고 있다는 사실 또한 부정할 수 없습니다. 2019년 들어 최저시급이 오르기는 했지만, 경제적으로 취약한 88만원 세대가 그나마 소비할 수 있는 공간이 편의점이니까요.

그럼에도 불구하고 우리는 경제적 이유 때문에 어쩔 수 없이 편의점을 이용한다고 생각하지는 않습니다. 마치 최신 트렌드에 맞는 세련된 소비라고 생각하죠. 그렇기 때문에 편의점에서 김밥에 컵라면으로 한 끼를 해결하면서도, 그 상황을 부당하다고 여기지 않죠. 그렇기 때문에 편의점은 양극화의 고통과 비애를 사뭇 은폐하고 호도하는 측면이 있습니다.[28]

사회학자 파인스타인 부부는 자본주의 체제에 대응하는 가장 이상적인 방식으로 사회 구성원들의 지속적인 노력을 강조하였습니다. 민주주의 사회의 시민이라면 함께 힘을 모아 권력의 횡포를 감시하고, 자아성찰을 통해 주체적 인간으로서 품격과 자부심을 유지할 수 있어야 합니다. 편의점이 은폐하고 있는 우리 사회의 문제에 더 이상 눈을 감아서는 안 된다는 것이죠.

이미 우리 사회를 점령한 '편의점'을 우리 사회를 지배하는 거대 권력으로 만들고 그 속에 지배될 것인지, 아니면 현대인의 삶의 질을 향상시키고 지역사회의 공동체성을 회복하는 지역 경제의 거점으로 변화시킬 수 있을지는 소비자들의 주체적인 선택과 의지에 달려 있습니다. 매일 가는 편의점, 그 속에서 이루어지는 우리들의 소비가 어떤 의미를 가지는지 알아야 하는 이유입니다.

캐면 캘수록 수상한 식품첨가물

혹시 여러분은 음식궁합에 대해 들어본 적이 있나요? 예로부터 해로운 음식궁합을 가진 먹거리를 함께 먹으면 탈이 난다고 합니다. 예컨대 게와 감을 같이 먹으면 소화불량이나 식중독 등 탈이 난다고 하죠.

....
28. 전상인(2014). 《편의점 사회학》. 민음사. 156쪽

만나면 독이 되는 화학반응?

우리 역사에서도 조선시대 경종 임금이 이복동생 연잉군(훗날 영조)이 올린 게와 감을 함께 먹고 사망했다는 설이 있습니다. 진위야 어떻든 간에 음식궁합의 사례에서 경종의 죽음에 관한 이야기는 거의 빠지지 않고 등장하죠. 게와 감 말고도 서로 어울리지 않는 음식이 만나서 오히려 독이 되는 경우가 종종 있습니다. 예컨대 시금치를 두부와 같이 먹으면 시금치의 '옥살산'과 두부의 '칼슘'이 결합해서 결석의 원인이 되는 '불용성 수산칼슘'이 생긴다고 합니다. 또 장어와 복숭아를 같이 먹으면 복숭아의 유기산이 장어의 지방이 흡수되는 것을 막아서 설사를 일으킨다고도 해요. 자연에 존재하는 식재료도 이러한데, 화학물 덩어리인 식품첨가물은 오죽할까요?

얼마 전 텔레비전 뉴스에서 본 기억이 나는데, 감기에 걸렸을 때 비타민 C를 먹지 말라고 합니다. 왜냐하면 시중의 감기약에는 대부분 안식향산나트륨이라는 물질이 들어 있는데, 이 물질이 비타민 C(아스코르빈산)와 만나면 화학반응을 일으켜서 엉뚱한 물질을 만들어낸다는 거죠. 그 엉뚱한 물질은 다름 아닌 벤젠입니다. 벤젠은 맹독성 물질이자 1급 발암물질입니다. 이렇게나 무시무시한 물질이 식품첨가물의 화학반응에 의해 우리 몸에서 간접적으로 만들어지는 것입니다. 물론 안식향산나트륨과 비타민C가 반응해서 벤젠이 만들어지려면 특별한 실험적 환경이 제공되어야 하며, 음식에 들어 있는 정도의 소량으로는 반응이 일어나기 어렵다는 제약업계의 반론도 있었습니다.

그러나 문제는 이러한 작용이 감기약과 비타민C에서 끝나는 게 아니라 거의 대부분의 식품첨가물에 두루 적용된다는 거죠. 거의 모든 화학물질들에서 일어날 수 있는 숙명적 문제이니까요. 식품첨가물은 대부분 화학물질인데, 이러한 식품첨가물은 한 가지만 먹을 때는 별다른 문제를 일으키지 않다가도 두 가지 이상 먹었을 때 심각한 화학빈용을 일으킬 수 있습니다. 이러한 현상을 칵테일 효과라고 하는데, 최근 들어 밝혀진 이론입니다. 다시 말해 우리가 평소 편의점 음식을 즐겨 먹다 보면 최소 몇 가지 이상의 식품첨가물을 지속적으로 섭취하게 됩니다. 이러한 경우 혹시 어떤 독이 되는 화학작용을 일으킬지 알 수 없다는 뜻이죠.

편의점음식은 첨가물 덩어리?

식품첨가물의 위험성에 대해 좀 더 알아봅시다. 일본에서는 이미 1960년대 후반에 외식 산업과 레토르트 식품 등 음식문화의 일대 변혁이 일어났습니다. 지금의 대한민국 역시 일본의 음식문화를 고스란히 따라가고 있죠. 국, 찌개, 각종 반찬에 간식들까지 뜨거운 물만 부으면, 혹은 전자레인지에 데우기만 하면 맛있고 간편하게 완성되는 먹거리들이 가득합니다. 문제는 이런 즉석 식품들은 자극적인 조미료와 온갖 식품첨가물로 뒤범벅되어 있다는 점입니다.

일본 교토 바이오사이언스 연구소의 연구 결과에 의하면[29] 현대 사회에서 한 사람이 하루에 섭취하는 식품첨가물은 보통 80여 종이 넘는다고 합니다. 이를 연 단위로 환산하면 무려 4kg에 이릅니다.

일부에서는 이미 동물실험을 통해 안전성이 완전히 증명된 식품 첨가물에 대해서조차 나쁘다고 하는 것은 문제라고 말하기도 합니다. 그러나 동물실험에서 안전하다고 해서 인간에게 안전하다고 장담할 순 없습니다. 왜냐하면 무해하다고 해서 오랫동안 사용되었던 첨가물들이 수십 년이 지난 후에 유해성이 밝혀져 사용 금지되는 경우도 왕왕 있고, 또 앞서 설명한 칵테일 효과에 의해 뜻하지 않게 유해물질이 만들어지기도 하니까요.

우리나라에서도 한때 설탕 대용으로 쓰는 감미료인 시클람산나트륨을 사용해 사탕을 만들어 팔았던 적이 있습니다. 열량이 없어서 다이어트에 관심이 많은 여성들에게 특히 인기가 있었죠. 하지만 시클람산나트륨 사탕은 동물실험에서 방광 종양과 관련이 있다는 결과가 발표되면서 사용이 전면 금지되었습니다.

《위대한 속임수, 식품첨가물》이라는 책의 저자이자 식품첨가물 문제 전문가로 유명한 아베 스카사 박사는 우리가 편의점에서 사 먹는 샌드위치에는 무려 80여 종의 식품첨가물이 들어 있다고 말합니다. 예컨대 삼각 김밥만 해도 무려 20~30종 이상의 식품첨가물이 들어 있다고 해요. 그는 이렇게 말합니다.

"집에서 저녁에 만든 샌드위치를 냉장고에 넣어둔다 해도 다음 날 오후가 되면 축축해지고 맛도 변합니다. 이렇게 된 샌드위치를 아무렇지도 않게 드실 분 계세요? 그 다음날은요? 물론 없을 겁니

....
29. 이선영(2018). 《내 아이를 해치는 가짜 음식》. 느낌이있는책. 159쪽 재인용

다. 그런데 지금 이 음식들은 그렇게 팔고 있지 않나요? 심지어 모양도 맛도 변하지 않습니다. 이 음식들이 왜 이럴 수 있는지 생각해 본 적이 있나요?"

식품업계가 식품첨가물을 포기할 수 없는 이유[30]

그렇다면 식품업계는 왜 이런 위험한 첨가물을 사용하는 걸까요? 그 이유에 대해 아베 박사는 '채산성'[31]때문이라고 말합니다. 샌드위치나 삼각 김밥을 저렴하게 판매해도 이익이 남으려면 기계로 만들어야 합니다. 일일이 사람 손으로 만들면 인건비를 감당할 수 없으니까요.

그런데 기계로 만들기 쉽고 오래 보관하려면 식품첨가물을 사용해야 합니다. 만약 첨가물을 전혀 넣지 않고 만든 샌드위치를 구매한 지 2시간쯤 지나서 먹으려는데, 모양이 망가지거나 이미 상해버렸다면 소비자는 거세게 항의할 것입니다. 하지만 첨가물을 이용해 대량생산을 하면 보존 기간도 길어지지만, 결국 가격도 그만큼 싸집니다. 안 그래도 소비자는 간단하고 편리한 것을 좋아하는데, 게다가 값까지 싸다니 금상첨화가 아닐 수 없죠.

게다가 식품첨가물을 사용하면 살균효과와 보존성뿐만 아니라 소비자를 현혹할 수 있는 다양한 색도 마음대로 창조할 수 있습니

....
30. 이선영(2018),《내 아이를 해치는 가짜 음식》느낌이있는책, 159~171쪽을 참고하였다.
31. 수입이나 지출 등 손익을 따져 이익이 나는 정도를 말한다.

다. 보기 좋은 떡이 먹기도 좋다는 말도 있습니다. 소비자들은 먹음직스러워 보이는 음식을 선호하죠. 생각해보세요. 진열대에 놓인 햄의 색깔이 먹음직스러운 핑크색이 아니라 칙칙한 보랏빛이라면 어떨까요? 그래서 햄에 먹음직스러운 색을 내는 아질산나트륨이라는 첨가물을 넣는 것입니다. 그 덕분에 햄은 군침 도는 때깔을 띠게 되죠. 어디 그뿐인가요? 여기에 진열대의 강한 조명 아래에서도 색이 쉽게 바라지 않도록 산화방지제인 에리소르빈산나트륨과 L-아스코브산나트륨도 첨가하고, 상온에서도 오래 유지하기 위해 폴리인산, 메타인산도 첨가합니다.

물론 각종 식품첨가물들에 대해서는 정확한 사용기준이 마련되어 있고, 만약 이를 지키지 않는 경우 영업 정지 등의 처분을 받게 됩니다. 그리고 대부분의 양심적인 업체에서 이러한 기준을 지키려고 노력하고 있다는 점을 믿고 싶습니다. 그러나 모든 업체에서 지키리라는 보장은 없습니다. 결국 우리 소비자들이 이러한 문제에 지속적으로 관심을 기울이지 않으면 식품첨가물 사용에 대한 사회적 관심도 낮을 수밖에 없죠. 따라서 지속적으로 이런 문제에 대해 관심을 가지고 문제 제기를 해야 하는 것입니다.

《내 아이를 해치는 가짜 음식》이라는 책을 보면 아베 박사가 식품첨가물의 위험성을 고발하는 어느 충격적인 실험에 대한 내용이 나옵니다. 실험의 내용은 이러합니다. 편의점에서 팔다 남은 음식을 거둬들여서 돼지를 키웠는데 3개월 후 어미돼지 20마리가 220여 마리의 새끼를 낳았죠. 그런데 그중 상당수가 사산, 유산, 조산을 했다고 합니다. 새끼 돼지뿐만 아니라 상당수의 어미 돼지도 갈색이나 초콜릿색으로 몸의 빛깔이 변해 있었고, 그나마 살아남은 새끼도 대부분 일주일 이내에 죽었다고 합니다.

아베 박사는 현대인들에게 아토피 같은 질병이 늘어나고, 도무지 말도 안 되는 범죄들이 왕왕 일어나는 것에 대해 심각하게 생각해보아야 한다고 말합니다. 그런 아이들 대부분은 집에서 부모가 만들어준 음식이 아닌 인스턴트 식품이나 패스트푸드 혹은 식품첨가물이 가득한 각종 레토르트 식품을 즐겨 먹었다는 거죠.

현대사회를 살아가는 우리가 식품첨가물이 들어 있는 음식을 완전히 피해가기란 현실적으로 거의 불가능합니다. 집에서 만들어 먹는 음식이라고 절대 안전한 것도 아니고요. 완전한 자급자족이 아닌 이상 사다 먹는 식재료 자체에 첨가물이 들어 있을 수도 있고, 가정에서도 종종 사용하는 인공 조미료에도 첨가물은 들어 있습니다. 그러나 인식하지 못한 채 무분별하게 섭취하는 것과는 분명한 차이가 있을 것입니다. 최소한 식품첨가물의 유해성에 대해 인식하고 최대한 이를 피하려고 노력해야 하지 않을까요?

혼밥을 부추기는 사회

편의점 간편식의 성장은 일코노미 시장의 급성장과 관련이 있다고 이야기했습니다. 혼밥하는 사람들은 점점 더 늘어가고 있습니다.

요즘 어떤 식당에 가면 아예 혼자 온 손님을 위한 자리가 마련되어 있을 정도로, '혼밥'은 이제 우리에게 낯설지 않습니다. 혼밥을 찬양하는 드라마나 예능이 만들어지기도 합니다. 한편 맛 칼럼니스트로 유명한 황 모 씨가 어떤 방송 프로에서 '혼밥'은 '소통을 거부하는 사회적 자폐' 행위라고 말하면서 '혼밥'에 대한 논란이 뜨겁게 일어나기도 했습니다.

'혼밥'이 많아졌다는 건 혼자 사는 사람들이 그만큼 많아졌다는 뜻이기도 하고, 또 혼자 사는 삶을 부러워하는 사람이 그만큼 많아졌다는 뜻이기도 합니다. 각자 바쁜 삶을 살다 보니 가족이 함께 살더라도 실제로는 1인 가구와 마찬가지의 삶을 사는 경우도 많습니다. '혼밥'을 지지하건 지지하지 않건 간에 요즘 '혼밥'이 대세인 것만은 분명해 보입니다.

혼밥을 지지하는 사람들은 시간에 구애받지 않고, 음식의 맛에 집중할 수 있으며, 밥을 먹으면서 스스로를 돌아보는 사색의 시간을 가질 수 있다고 말합니다. 하루 종일 수많은 관계 속에서 감정노동에 시달리는 현대인들에게 '혼밥'은 불필요한 감정노동에서 벗어나 정신적으로 온전한 휴식을 취하는 시간이 될지도 모릅니다. 사회관계망 서비스를 통해 지구촌 반대편에 있는 사람과도 쉽게 관계를 맺을 수 있는 요즘 같은 시대에는 정신건강을 위해 일부러 '관계 다이어트'를 조언하기도 하죠. 심지어 '사회적 소통' 운운하며 '혼밥'이 아닌 여럿이 함께 먹는 '떼밥'을 강요하는 것은 개인주의를 부정하는 집단주의적 '꼰대니즘'이라고 말하는 사람들도 있으니까요.

복잡한 인간관계에서의 피로감은 차치하고, 일단 급속히 증가한 1인 가구로 인해 어쩔 수 없이 '혼밥'을 해야 하는 사람도 많습니다. 이러한 상황에서 군이 '혼밥'에 사회적 의미를 부여하여 비판하는 것은, 비자발적 '혼밥러'들을 사회적으로 더욱 기죽이는 것 아니냐며 반박하는 사람들도 있습니다.

혼밥이 나쁘다고 말하는 사람들은 밥을 먹는 행위가 단순히 배를 불리는 것이 아니라 소통의 행위라는 것을 강조합니다. 가뜩이나 인간은 고독하고 외로운 존재인데, 군이 밥을 먹는 행위에서까지 외로울 필요가 있겠냐는 주장이죠. 그들은 방송에서까지 '혼밥'을 찬양하는 것은 문제가 있다고 지적합니다. 이런 관점의 연장선상에서 요리사 박찬일은 "혼밥 문화는 인간관계가 파편화되는 사회적인 위기"라며 혼밥의 사회적 의미를 정의하기도 했습니다.

또 어떤 사람들은 '혼밥'이라는 것이 교묘하게 포장된 자본주의의 또 다른 추악한 착취 수단이라고 말하기도 합니다. 저녁이 있는 여유 있는 삶이 아니라, 시간에 쫓겨 저녁시간조차 반납하고 혼자서 간단하게 한 끼를 때우는 것을 마치 최신 트렌드처럼 그럴듯하게 포장한다는 거죠. TV를 보면 세련된 직장인이 멋진 정장을 입고, 한 손에는 서류를 들고, 다른 한 손에는 샌드위치를 들고 분주하게 일하는 장면이 자주 나옵니다. 게다가 그들은 하나같이 예쁘고 멋지고 능력 있어 보이는 게 함정이죠. 그런 장면을 보고 자란 청소년들은 자연히 최신 트렌드라는 허울에 갇혀 저녁이 있는 삶을 기꺼이 포기하게 되는 건 아닐까요?

특히 청소년의 혼밥은 대체로 나쁜 혼밥의 전형입니다. 학원에 가기 전에 편의점에서 간편식으로 한 끼를 때우는 청소년들은 무거운 가방을 메고, 한 손에는 스마트폰을 들고 열심히 들여다보면서 대충 한 끼를 때웁니다. 물론 가끔은 삼삼오오 모여앉아 먹기도 하지만, 인스턴트 식품을 중심으로 대충 한 끼를 후다닥 때운다는 점에서는 별반 다르지 않습니다. 이러한 식사에서 균형 있는 영양 섭취가 이루어질 리 만무합니다. 편의점 간편식의 위생 상태라든가 식품첨가물의 유해성 등에 대한 문제는 차치하더라도 말이죠.

'파편화된 인간관계, 소통의 단절' 등으로 대표되는 '혼밥'에 대한 우려스러운 시선에 대해서도 일부 동의하지 않을 수 없습니다. 특히, 청소년기는 사회성 형성이라는 성장 과업이 아주 중요한 시기입니다. 청소년의 혼밥은 자의적 선택일 수도 또는 타의에 의한 '혼밥'일 수도 있습니다. 이유야 어찌되었건 '혼밥'이 계속되다 보면 그 상황에 익숙해져서 오히려 다른 사람과 함께 밥을 먹는 것 자체가 불편해질 수도 있습니다.

학교에서 친구를 잘 사귀지 못하거나 친구들과의 관계가 어그러진 경우에 급식을 거르는 아이들을 종종 보게 됩니다. '혼밥'에 대한 두려움 때문에 아예 밥을 먹지 않는 것입니다. 특히 여학생들은 더욱 심한 편이죠. 자연스런 혼밥 문화는 이런 아이들이 굳이 다른 이들의 눈치를 보지 않고 마음 편하게 밥을 먹을 수 있게 해주는 장점도 있습니다.

이미 혼밥은 사회적 대세이므로 옳고 그름을 논하기도 어렵습니다. 어쩌면 그것은 다양성의 문제이고, 다름의 존중이라는 문제로 볼 수도 있으니까요. 그러나 만약 아이들이 원해서 하는 '혼밥'이 아니라면 '혼밥'을 부추기기보다는 그 아이들이 '혼밥'을 하지 않아도 되는 분위기를 만들어주는 게 맞지 않을까요? 오히려 자연스럽게 '혼밥'을 하는 분위기를 만들어주어야 한다는 말은 어불성설이 아닐 수 없습니다. 다양성과 다름을 존중하는 차원에서 자발적 '혼밥러'는 존중해야 하겠지만, 혼밥 문화를 무슨 멋지고 새로운 트렌드인 양 치켜세우는 건 여러 모로 문제가 있다는 생각이 듭니다.

건강에도 좋지 않은 혼밥

고려대학교 의과대학 김선미 교수는 모 방송에서 혼밥이 좋지 않은 이유에 대해 다음과 같이 설명했다.

첫째, 영양소의 불균형이 가장 큰 문제다. 귀찮다고 대충 한끼를 때우는 경우가 많기 때문이다. 혼밥하는 사람들의 57%가 대충 먹거나 인스턴트를 먹는다고 한다. 우리 몸이 영양학적으로 균형을 이루려면 단백질, 탄수화물 등과 같은 영양소 외에도 비타민이나 무기질이 꼭 필요한데, 대부분의 인스턴트 식품은 과도한 염분과 부실한 영양에 비해 칼로리는 높다 보니 자주 즐기면 비만의 원인이 된다. 게다가 다양한 식품첨가물이 들어 있어 장기적으로 심각한 문제를 초래할 수 있다.

둘째, 눈 깜짝할 새에 먹어치우는 것이 문제이다. 우리 몸은 밥을 먹기 시작하면 20분 정도 뒤에 '인슐린'을 분비하는데, 이 인슐린이 바로 우리 뇌에 그만 먹으라는 사인을 보내는 '식욕 억제' 물질이다. 그런데 너무 빨리 먹으면 이러한 제동이 걸리기 전에 밥을 다 먹어치우게 된다. 자연히 밥을 더 많이 먹게 되고, 잘 씹지도 않으면서 필요 이상으로 많이 먹다 보면 소화불량에 걸리기도 쉽다.

셋째, 식사 중 스마트폰 사용도 문제이다. 혼자 밥을 먹는 사람들을 살펴보면 대체로 식사에 집중하기보다는 스마트폰이나 TV를 쳐다보며 밥을 먹곤 한다. 식후에는 졸음이 몰려오는 식곤증이라는 게 있다. 이것은 식사를 하면 피가 소화를 위해 위장으로 몰리면서 머리에 피가 모자라 생기는 현상이다. 하지만 식사를 하면서 스마트폰이나 TV에 집중하면 머리로 혈류가 과도하게 흘러 소화 기관으로는 잘 가지 않아 소화가 잘 될 수 없다.

앞서 우리는 현대 먹거리가 가진 중독성과 그로 인한 위험성을 살펴보았습니다. 또한 햄버거나 피자와 같은 글로벌푸드가 야기하는 입맛의 세계화와 획일성의 문제에 대해서도 살펴보았죠. 3부에서는 우리가 매일 먹는 음식이지만 잘 알지 못하는 우리 음식에 대한 이야기를 해보려고 해요. 우리 음식에 관해 관심을 가지는 일은 우리의 좋은 음식 문화를 지키는 일이기에 앞서 음식의 다양성을 지킴으로써 건강한 먹거리체계를 만들수 있는 작은 실천이기 때문이죠. 우리가 우리 음식에 관심을 갖지 않으면 우리의 음식 문화는 언젠가 사라져버릴지도 모릅니다. 아는 만큼 보인다고 하죠. 이제부터 우리 음식의 우수성과 소중함에 대해 생각해보았으면 합니다.

3부

얼쑤, 뭐니 뭐니 해도 우리 것이 좋은 것이여!

우리네 밥상을 지켜온 먹거리들에 관하여

01
패스트푸드는 가라, 이제는 슬로푸드다!

앞에서 우리는 입맛을 중독시키고 생활마저 잠식해버린 현대사회의 대표적인 먹거리들을 살펴보았습니다. 물론 이것들이 무조건 나쁘다는 뜻은 아닙니다. 하지만 편리성과 자극적인 맛에 취해 우리는 점점 음식과 재료 본연의 맛 따위에는 무관심한 음식 문맹이 되고 있습니다. 분명한 건 이러한 식습관이 장기화되면 결국 그 피해는 고스란히 우리에게로 돌아오게 될 것이라는 점입니다.

슬로푸드, 음식 그 이상의 라이프 스타일

패스트푸드와 간편식이 일으키는 건강문제가 사회문제로 떠오르면서 이제 세계 곳곳에서는 패스트푸드에 반하는 슬로푸드에 대한 관심이 높아지고 있습니다.

슬로푸드(slow food)란 이탈리아인 카를로 페트리니(Carlo Petrini)가 시작한 식문화 운동의 하나입니다. 1986년 맥도날드의 로마 진출에 반발하여 시작된 이 운동은 음식을 통해 삶의 질을 개선하고, 현재 가지고 있는 음식문화의 전통을 계속 이어가며, 전통적인 방식으로 만들어지는 세계 각국의 음식들을 발굴하고 알리는 데 목적을 두고 시작되었습니다.

슬로푸드 운동이란 단순히 패스트푸드는 몸에 좋지 않으니 몸에 좋은 음식만 먹자는 운동이 아닙니다. 삶의 방식과 관련된 진지한 고민을 해보자는 거죠. 패스트푸드가 효율성과 생산성만을 강조하는 패스트라이프를 대표하는 것이라면, 슬로푸드는 그 무엇보다 삶의 질을 중요시하는 슬로라이프를 대변하니까요. 농약과 비료가 아닌 정성으로 키운 재료들로 시간과 노력을 들여 제대로 만든 음식을 즐김으로써 우리의 음식 생태계를 되살려보자는 것입니다.

또한 패스트푸드는 무조건 나쁘고 전통 음식은 좋으니 단순히 전통 음식을 먹어야 한다는 주장도 아닙니다. 다만 패스트푸드로 대표되는 글로벌푸드의 문제점에 대해 진지하게 고민해보고 다양성의 측면에서 음식문화에 대해 생각해보자는 거죠.

패스트푸드는 주문하면 바로 나오는 음식만을 뜻하는 것이 아닙니다. 농약과 비료와 같은 화학적 도움을 통해 기른 채소나 성장촉진제를 맞고 정상적인 성장 단계를 뛰어넘어 길러진 가축들. 이러한 식재료 모두를 아울러 패스트푸드라고 불러야 합니다.[32] 이들 패스트푸드는 앞에서도 설명한 바 있지만, 장거리 운송에 따른 이산화탄소 발생 문제, 식품첨가물 문제 등으로 인해 우리 몸은 물론이요 환경과 생태계에도 무리를 줍니다.

또한 햄버거나 피자와 같은 글로벌푸드는 세계인의 입맛을 획일화시킴으로써 지구 생태계의 종 다양성을 위협하고 있습니다. 그뿐만 아니라 음식 판매로 인한 수익금이 지역사회로 환원되지 않고 거대 식품회사에 집중됨으로써 지역 경제를 초토화시킵니다. 먹거리 문제는 더 이상 먹거리만의 문제가 아닌 거죠.

일과 삶의 균형을 주장하는 '워라밸' 열풍이 불고 있는 것도 한편으로는 패스트라이프에 내몰렸던 현대인의 피로감을 보여주는 게 아닐까요? 천천히 우리의 삶을 돌아보면서 무엇이 진정 나와 우리를 살리는 길인지 생각해보면 좋겠습니다.

로컬푸드 운동

최근에는 동네마다 '로컬푸드 직매장'이라는 간판이 붙어 있는 매장을 심심찮게 볼 수 있습니다. 로컬푸드란 장거리에서 운송되지 않은 지역 농산물로서 흔히 반경 50km 이내에서 생산된 농산물을 말합니다. 전 세계의 먹거리를 지배하고 있는 글로벌푸드에 대한 대안으로 등장한 것이죠.

....
32. 김종덕(2012). 《음식문맹자, 음식 시민을 만나다》. 따비. 51쪽

현재의 세계화된 식량체계는 효율성을 강조하는 산업형 농업과 단일작물 재배를 확산시켜 지구의 지속가능성과 생물다양성을 위협하고 있습니다. 또한 효율성이라는 명분을 내세워 글로벌 식품회사에 의존하게 함으로써 우리의 식량주권을 빼앗고 있죠. 갑작스런 국제 정세의 불안이나 전쟁, 유가 인상 등의 외부적 요인이 발생했을 때 속수무책으로 당할 수 있습니다. 즉 필요한 먹거리를 제대로 공급받지 못할 수도 있다는 뜻입니다. 농림축산식품부 자료에 의하면 2016년 우리나라 식량자급률은 50.9%에 불과하다고 합니다.

또한 현재의 세계 식량체계는 가격 경쟁에서 이기지 못한 소규모 농민들의 터전을 빼앗고, 심각한 환경오염, 동물복지 침해, 지구온난화 등의 문제를 야기합니다. 우리 몸이 건강하게 제 기능을 하려면 구석구석 산소를 공급해주는 실핏줄이 살아 있어야 합니다. 지역 구석구석에서 먹거리를 책임지는 지역 농민들이 살아 있어야 먹거리체계가 건강하게 굴러갈 수 있다는 뜻입니다.

환경적인 면에서 지역 농업이 기여하는 바도 생각해보아야 합니다. 논농사를 예로 들어볼까요? 논농사를 지으면 물을 가둬두는 효과가 있기 때문에 홍수를 예방하는 기능을 합니다. 지금은 과도한 농약 사용으로 그 의미가 많이 퇴색했지만, 논은 인공습지로서 많은 생명체가 살아가는 생태적 공간이었습니다.

봄에는 개구리가, 추수가 끝난 들녘은 온갖 새들이 살아가는 곳이었죠. 벼가 자라는 동안 뿜어내는 산소의 양도 어마어마하다고 합니다. 게다가 물이 가득 찬 논은 무더운 여름철에 대기의 온도를 조절하는 역할도 합니다. 그렇게 본다면 도시에도 삭막한 아스팔트로 덮기보다 작은 규모일지라도 식물이 자라는 환경을 만드는 편이 생태적으로 훨씬 낫지 않을까요?

먹거리의 이동 거리가 짧아지면 소비자는 더욱 신선한 먹거리를 공급받을 수 있습니다. 생산자는 유통비용을 줄여 농민에게 돌아가는 몫을 늘릴 수 있죠.

그런데 로컬푸드는 비단 먹거리 문제에만 그치지 않습니다. 지역에서 사용하는 먹거리의 대금이 지역에서 순환됨으로써 지역 경제의 활성화에 도움을 줄 것이며, 지역의 환경문제에 대해 지역주민이 모두 관심을 가질 수 있게 될 것입니다. 자연스럽게 사람들이 '음식 시민'으로 변해갈 수 있는 토대를 만들어주는 거죠.

로컬푸드 매장에서는 생산자의 이름을 내걸고 판매합니다. 소비자는 그 이름을 믿고 먹거리를 구매하죠. 그 과정에서 생산자와 소비자가 연결되어 상생의 길을 찾게 되고, 소비자는 더 이상 수동적인 소비자가 아니라 건강한 음식 시민으로 성장할 수 있을 것입니다(좋은 먹거리를 소비하기 위한 소비자들의 움직임인 생활협동조합 사례는 부록 참조).

변화는 관심에서 시작된다

잊을 만하면 한 번씩 우리 사회를 뒤흔드는 것이 바로 먹거리와 관련된 이슈입니다. 광우병 파동, 멜라민 우유, 살충제 달걀 사태까지. 사건이 한 번 터질 때마다 언론의 지나친 선동과 국민들의 과도한 관심이 어우러져 그야말로 모두를 공포에 빠트리는 이른바 '푸드포비아'로 이어지고 있습니다. 먹거리야말로 우리의 건강과 직결되는 문제이니까요. 그러다 보니 안전한 먹거리에 대한 관심도 점점 높아지고 있습니다.

막연하게 먹거리의 안전성을 보장하는 말로 '유기농'을 떠올리지만, 실제 유기농이 무엇인지에 대해서는 잘 모릅니다. 아는 만큼 보인다고 했는데, 이는 먹거리에도 적용되는 말입니다. 즉 알아야 좋은 것을 먹을 수 있습니다. 그리고 소비자가 좋은 먹거리를 찾으면 생산자는 자연히 좋은 먹거리를 생산할 수밖에 없습니다. 조금만 더 관심을 가지고 먹거리를 대해보면 어떨까요? 왜냐하면 변화는 관심에서 시작되니까요.

우리나라에서는 소비자들이 안전한 먹거리를 먹을 수 있도록 전문인증기관이 친환경농축산물을 엄격한 기준으로 선별, 검사하여 소비자에게 공급하는 먹거리 친환경농축산물 인증제도를 실시하고 있습니다. 친환경농축ㅈ산물이란 환경을 보전하고 소비자에게 더욱 안전한 농축산물을 공급하기 위해 유기합성 농약과 화학비료 및 사료첨가제 등 화학자재를 전혀 사용하지 아니하거나, 최소량만을 사용하여 생산한 농축산물을 말합니다.[33]

....
33. 친환경인증관리 정보시스템 홈페이지 참고(www.enviagro.go.kr)

친환경 농산물	• 유기 농산물 : 유기합성농약과 화학비료를 일체 사용하지 않고 재배한 농산물 • 무농약 농산물 : 유기합성농약은 일체 사용하지 않고 화학비료는 권장량의 1/3 이내로 사용해서 키운 농산물
친환경 축산물	• 유기 축산물: 유기 농산물의 재배 및 생산 기준에 맞게 생산된 유기 사료를 급여하면서 인증기준을 지켜 생산된 축산물 • 무항생제 축산물 : 항생제, 합성 항균제, 호르몬제가 첨가되지 않은 일반 사료를 급여하면서 인증기준을 지켜 생산한 축산물.

이제부터는 우리 민족이 예로부터 즐겼던 밥과 국, 김치 그리고 전통 음료들에 관해 살펴보려 합니다. 이러한 먹거리들이야말로 최고의 슬로푸드이자 친환경 먹거리라고 할 수 있습니다. 물론 요즘에는 자극적인 맛으로 무장한 현대의 먹거리들에 밀려 다소 주춤한 모양새지만, 우리 먹거리의 진가는 세계 곳곳에서 먼저 알아주고 있습니다. 이에 지금부터 오랜 시간 우리네 밥상을 책임져온 소울 푸드들에 관한 이야기들을 이어가보려 합니다.

02
뭐니 뭐니 해도 한국인은 역시 밥심이지!

여러분은 혹시 '쌀의 날'이 있다는 것을 알고 있나요? 8월 18일은 쌀의 날입니다. 쌀을 한자로 쓰면, '米'인데, 이를 파자(跛者)하면, 八十八(팔십팔)이 되기 때문이죠. '파자(跛者)'라고 하는 것은 한자의 문자적 특성을 이용하여 글자를 분해하거나 합쳐서 새로운 의미를 찾아내는 일종의 언어유희입니다. 그런데 '빼빼로 데이'나 '화이트 데이'는 잘 알아도 '쌀의 날'까지 알고 있는 청소년은 거의 없을 것입니다. '쌀의 날'을 정하고 기념하는 까닭은 그만큼 쌀이 우리 민족과 역사를 함께해온 귀중한 작물이기 때문일 것입니다.

우리 민족과 희로애락을 함께해온 쌀

과거에는 쌀을 주식으로 한 삼시세끼만으로 하루에 필요한 영양소의 대부분을 충족해야 했습니다. 수십 년 전만 해도 워낙 쌀이 귀해서 쌀 소비를 조금이라도 줄이기 위해 밀가루로 만든 분식이나 잡곡을 섞은 혼식을 권장하기도 했죠. 하지만 세월이 흐르고 흘러 현대사회는 먹거리가 넘쳐나고, 굳이 밥으로 끼니를 때우지 않더라도 과자나 빵, 초콜릿 등 다양한 간식으로 얼마든지 대체할 수도 있다 보니 쌀의 소비가 영 예전 같지 않습니다. 정부는 쌀의 날과 같은 홍보행사를 꾸준히 열어 우리 쌀의 가치를 홍보하고, 쌀을 이용한 다양한 식품을 개발하는 등 소비 촉진을 위해 노력하고 있지만, 안타깝게도 쌀의 소비는 점점 줄어가고 있습니다.

우리 민족은 중요한 순간이면 항상 쌀과 함께했습니다. 생일날에는 흰쌀밥에 미역국을 먹었고, 제삿날에도 조상님에게 흰쌀밥을 지어 올렸죠. 탄생부터 죽음에 이르기까지 늘 밥과 함께해온 것이 바로 우리 민족입니다. 우리나라 전통 문화에서 가장 중요하게 여기는 신(神) 중 하나가 바로 집안을 지켜준다는 '성주신'입니다. 2017년에 개봉한 영화 《신과 함께-인과 연》에서 배우 마동석이 성주신 역할을 맡아 화제가 된 적이 있죠. 아무튼 성주신은 그 집안의 대들보에 산다고 하는데, 성주신을 모실 때에는 성주단지라고 불리는 작은 단지에 그해에 난 햅쌀을 넣어두고 한 해의 평화와 풍년을 기원했습니다.

쌀을 중시하는 풍습은 또 있습니다. 하늘에 올리는 천신제에도 반드시 흰쌀밥을 지어 올렸는데, 몸도 마음도 정갈하게 하고 성스러운 '흰색'의 밥을 정성스럽게 지어올림으로써 우주만물에 대한 인간의 정성을 표현한 거죠. 이렇듯 우리 민족에게 쌀은 모든 생명과 기운의 원천이었습니다.

우리말 중에는 쌀과 관련된 말이 유난히 많습니다. 쌀을 만들어 내는 한해살이풀을 '벼(물론 그 열매 자체를 벼라고도 한다)', 몇몇 지방에서는 그 열매를 '나락'이라고 합니다. "귀신 씻나락 까먹는 소리한다."고 할 때 '씻나락'이 바로 '종자로 쓸 나락'인 '볍씨'입니다. '볍씨'를 심어 싹이 난 어린 모종을 '모'라고 하고 다 자라면 '벼'가 되었다가 타작을 해서 '나락'을 떨어내면 다시 '짚'이 됩니다.

곡식의 속껍질을 벗겨 깨끗하게 하는 것을 '도정'이라고 하는데 '벼'를 도정하면 '쌀', 물을 넣어 조리를 하면 '밥'입니다. '밥'을 이르는 말도 많죠. 어른들이 먹는 밥은 '진지', 임금의 밥은 '수라', 제사 상에 올라가는 밥은 '메'라고 하죠. 어린 아이들은 주로 '된밥'을 좋아하고 어르신들은 '진밥'을 좋아합니다. 그래서 옛날에는 어머니들이 밥을 지을 때, 손으로 쌀 언덕을 만들어 앞쪽은 되게, 뒤쪽은 질게 만들었는데 이렇게 지은 밥을 언덕밥이라고 합니다. 동일한 대상에 대해서 이렇게 분화된 단어가 많다는 것은 그만큼 우리 생활과 밀접한 관련이 있다는 것을 말해줍니다.

한류의 원조라고도 할 수 있는 드라마 〈대장금〉 제17회에 이 언덕밥을 짓는 장면이 나옵니다. "밥을 할 때 솥의 한쪽에 그릇을 놓게 되면 그릇을 놓은 쪽은 쌀이 물 위로 올라와 된밥이 되옵고, 가운데는 보통의 밥, 다른 한쪽은 진밥이 됩니다. 전하는 약간 된밥을 좋아하시고 중전은 진밥을 좋아하시기에……."

수라간 최고상궁을 뽑는 경합 과제로 '밥짓기'가 나온 거죠. 우리 음식의 기본이 바로 밥이기 때문입니다. 이 경합에 나선 최 상궁은 모든 이가 좋아할 만한 찰기 있는 가마솥밥을 지었고, 한 상궁은 밥을 먹는 사람들의 식성을 고려한 언덕밥을 지었습니다. 밥 한 끼를 짓더라도 먹을 사람을 배려하는 것이 밥에 대한 우리 조상들의 마음이죠. 경연에서 한 상궁이 이긴 것은 당연한 결과입니다.

그 밖에도 "한국인은 밥심으로 산다."는 말이나 "밥이 보약이다."라는 말도 있습니다. '약식동원(藥食同原)', 곧 '먹는 것이 바로 보약'이라는 뜻인데, 그 보약 중에 으뜸이 바로 '밥'입니다.

귀하신 몸, 쌀의 수난사

우리 역사에서 밥은 아주 오랫동안 아무나 배불리 먹을 수 있는 음식이 아니었습니다. 특히 흰쌀밥은 더더욱 그랬죠. 일제강점기 시절 수탈로 인한 쌀의 부족 현상은 광복 후에도 계속되었는데, 이는 1970년대 후반까지도 이어졌습니다.

질보다 양이라고 오직 '배불리' 먹는 것만을 중시하던 시절인 1960년대에는 수확량은 많고 맛은 떨어지는 '통일벼'라는 것을 국가가 보급하기도 했죠. '통일벼'는 식량이 모자라던 시기에 우리나라의 쌀 자급률을 올려주던 품종이었으나 일반미에 비해 맛이 없는 데다가 병충해에 약해서 농약이나 비료를 많이 써야 했습니다. 오죽하면 통일벼 때문에 우리나라 논에 메뚜기와 개구리의 씨가 말랐다는 말까지 나왔을 정도니까요. 아무튼 맛없는 애물단지 통일벼를 키워야 했을 만큼 쌀이 귀하던 시절이었습니다.

그런데 1970년대에 들어 사정이 바뀌었습니다. 몇 년간 풍년이 계속되면서 쌀 생산량이 증가한 것입니다. 굳이 맛도 없는 통일벼를 키우기 위해 비싼 농약 값과 비료 값을 대는 게 무의미해졌죠. 설상가상으로 쌀 소비량까지 줄어들면서 통일벼는 쌀 과잉 생산의 주범이 되어 1991년에 공식적으로 재배가 중단되었습니다.

문학 작품에 '통일벼'라는 단어가 나오면 시대적 상황을 대변하는 단어라고 밑줄을 쫙 그으면서 공부했던 기억이 납니다. 당시에는 정부에서 농촌을 돌며 통일벼를 재배하고 있는지 확인하고, 독려했다고 합니다. 맛없는 것을 정부의 강요로 억지로 재배하다 보니, 강요하던 권력자가 사라지면서 은근슬쩍 사라져버린 품종이죠. '국가주의'의 대유법처럼 인식되던 추억의 '통일벼'였습니다.

아무튼 1970년대만 해도 만성적인 쌀 부족 현상을 극복하기 위해서 '혼분식 장려 운동'이라 하여 보리와 밀가루 등을 장려하고, '분식의 날'을 제정하여 운영할 정도였습니다. 학교에서는 학생들의 도시락에 잡곡이 섞여 있는지 일일이 검사하였으며, 식당에서는 보리쌀이나 면류를 섞어서 팔아야만 했죠. 먹고살기 힘들었던 옛날 옛적 이야기입니다. 혼분식 장려 운동으로 인해 한국인의 주식이 쌀과 보리에서 쌀과 밀로 바뀌었고, 라면이나 빵과 같은 서구화된 음식문화가 빠르게 자리를 잡게 되었습니다. 쌀밥에 대한 부정적 인식이 생겨난 것도 아마 이 즈음일 것입니다. 여러분 혹시 저곡 가 정책에 대해 들어본 적이 있나요? 1950년대부터 미국의 수입 농 산물에 대한 국내 농산물의 가격 경쟁력을 확보하겠다는 명분하에 국가가 강제로 국산 농산물의 가격을 낮춘 정책을 말합니다.

정부가 추진한 저곡가 정책으로 인해 농민들은 열심히 농사지은 작물을 예전에 비해 훨씬 떨어지는 낮은 가격에 판매할 수밖에 없었 죠. 안 그래도 허리띠를 바짝 졸라매고 살고 있던 농촌의 살림살이 는 더욱 빠듯해졌고, 경제난은 날이 갈수록 심화되었습니다.

게다가 마구잡이식으로 급속하게 진행된 도시화와 산업화로 인 해 농촌이 입게 된 타격 또한 만만치 않았습니다. 사람들이 하나둘 농촌을 떠나가기 시작한 것입니다. 백날 땀 흘려 논밭에서 일을 해 봐야 손에 쥐는 것은 몇 푼밖에 되지 않는 현실에, 사람들은 농촌에 더 이상 희망이 없다고 판단하게 됩니다. 이에 젊은 사람들을 시작 으로 하나둘씩 자의반 타의반으로 농촌을 떠나 도시로 삶의 터전을 옮겨가게 되었죠. 가뜩이나 경제적 궁핍으로 피폐해졌건만, 인구 의 유출까지 더해지며 농촌은 더욱더 황폐해졌습니다. 그래서인지 1970년대 농촌을 그린 문학작품에는 이들의 울분과 애환이 절절히 녹아 있는 경우를 흔히 찾아볼 수 있습니다. 앞에서도 잠깐 이야기 했던 '통일벼'처럼 말이죠.

개중에는 도시에서 새롭게 펼쳐질 인생에 대한 희망을 가득 안고 농촌을 떠나는 이들도 있었을지 모릅니다. 하지만 오랫동안 고된 농사일을 해오면서 재산은커녕 자식처럼 여기며 애지중지해온 소마저 팔아치우고도 빚만 잔뜩 짊어진 채 농촌을 떠나야 했던 이들의 심정은 어땠을까요? 아마도 팔다리가 모두 끊어지고 억장이 무너지는 것 같은 깊은 아픔을 느꼈을 것입니다. 80년대 대학생들은 시위를 할 때, 이런 구호를 외치곤 했죠. "소 팔아 키운 자식, 백수가 웬 말이냐!" 그리고 90년대 대학생들이 시위할 때는 구호가 이렇게 바뀌었죠. "깻잎 팔아 키운 자식, 백수가 웬 말이냐!" 이제 목축업을 하는 일부 사람들을 제외하고 더 이상 농가에서는 소를 키우지 않습니다. 청년백수 100만 시대, 요즘 청년들은 무슨 구호를 외쳐야 할까요?

1980년대 이후부터는 오히려 잉여 쌀 문제가 대두되었죠. 반면 수입 곡물에 대한 의존도는 날로 높아져서 식량자립도는 계속 낮아졌습니다. 게다가 수입 농산물의 안전성에 대한 우려는 꾸준히 제기되고 있죠. 그리고 보면, 한 나라의 정책이라는 것이 왜 이렇게 한 치 앞을 내다보지 못하는지 모르겠습니다.

우리 민족의 근성을 보여주는 벼농사

우리의 민족성을 논할 때면 '빨리빨리' 문화를 이야기하는 경우가 많습니다. 한국전쟁 이후 짧은 시기에 '한강의 기적'을 이뤄내는 과정에서 생겨난 조급증 때문일 것입니다. 어떤 이들은 이 '빨리빨리' 문화의 역사를 훨씬 더 앞당겨서 보기도 합니다. 벼농사를 지으면서 생겨난 습관이라는 거죠. 정해진 시기에 정해진 일을 반드시 해야만 하는 것이 '벼농사'이다 보니 자연스럽게 '빨리빨리' 일을 처리해야만 하는 민족성이 생겼다는 주장입니다. 그러나 벼농사는 '빨리빨리' 문화라기보다는 은근과 끈기, 부지런함을 길러주지 않았을까요? 벼농사라는 게 결코 쉬운 일이 아니니까요.

그런데 우리 조상들은 왜 그토록 벼농사에 유난히 집착했을까요? 수중재배를 할 필요가 없는 보리나 밀에 비해서 벼는 농사짓기에 결코 쉬운 작물도 아닌데 말이죠. 태국이나 동남아처럼 내내 덥고 습한 나라에서야 벼농사가 그리 어려운 농사가 아니라지만, 추운 나라로 올라올수록 벼농사는 어렵습니다. 때에 맞춰 논을 갈고 거름을 주고, 모내기를 해줘야 하고, 잡초 제거인 김매기를 해야 합니다. 허리를 숙여 김을 매다 보면 뾰족한 벼 잎에 눈을 찔리는 일도 허다했죠.

어디 그뿐인가요? 비가 오지 않으면 억지로 물을 끌어다 대야 합니다. 가물 때는 이웃과 '물꼬싸움'마저 감수해야 하죠. 어떤 일이 시작됨을 비유적으로 말할 때 '물꼬를 트다'라고 하는데, '물꼬'란 원래 '논에 물이 넘어 들어오거나 나가게 하려고 만든 좁은 통로'를 말합니다. 평야보다 산지가 많은 우리나라에는 유난히 경사진 산비탈을 개간한 계단식 논인 다랑이 논이 많았는데, 위에 있는 논에서 물꼬를 막으면 아래에 있는 논바닥은 마를 수밖에 없었죠.

이렇듯 날씨가 가물 때에는 자기 논으로 들어오는 물꼬는 터야 하고, 남의 논으로 나가는 물꼬는 막아야 합니다. 밤에 몰래 와서 아래 논 주인이 '물꼬'를 터놓으면, 그 다음날 새벽에 위 논 주인이 와서 '물꼬'를 막았죠. 그러다 보면 꼭 싸움이 났습니다. 이런 물꼬 싸움은 평지에 있는 논도 마찬가지였습니다. 저수지나 하천에 있는 물을 서로 자기 논에 끌어다 대는 것이 쉬운 일은 아니었죠. 당시에 농사의 성패는 곧 생존의 문제였으니 물 대는 문제가 얼마나 심각한 문제였는지 짐작이 갑니다.

자기에게만 이롭게 되도록 생각하거나 행동하는 것을 한자성어로 '아전인수(我田引水)'라고 합니다. '제 논에 물 대기'라는 뜻으로 남의 논은 마르거나 말거나 자기 논에만 물을 대는 이기적인 행위를 비판하는 말이죠. 물 대는 문제가 오죽 심각했으면 이런 말까지 생겼을까요? 벼농사를 지으려면 연중 88(八八)번의 일손을 써야 한다고 해서, 여덟 '팔(八)' 자 두 개를 넣어서 쌀 '미(米)' 자가 됐다는 말도 있습니다. 농사일이 이토록 힘드니 쌀 한 톨도 귀히 여기라는 뜻에서 나온 말 아닐까요? 이렇듯 고된 벼농사 덕분에 한국인 특유의 부지런함과 끈기가 생겨난 것 같습니다.

비록 우리나라의 기후와 토양이 농사짓기에 갑절 힘이 들긴 해도, 동남아의 찰기 없는 쌀과 달리 우리나라에서 생산된 쌀은 윤기가 자르르합니다. 단위면적당 생산량도 다른 곡물에 비해 월등하게 높았죠. 그러나 쌀이 주식이 된 이유는 뭐니 뭐니 해도 다른 곡류에 비해 월등하게 맛있었기 때문입니다. 매일 먹어도 질리지 않고, 떡이나 술 등 다양한 식품으로도 만들 수 있죠. 또한 쌀은 모든 곡물 중 가장 훌륭한 탄수화물 공급원이면서 여러 영양소들이 이상적으로 배합된 곡식입니다. 그렇기 때문에 주식으로서 확고하게 자리 잡을 수 있었던 것입니다.

벼농사를 빼놓고 우리나라의 역사를 이야기할 순 없을 것입니다. 단군신화에서 환인의 아들 환웅이 태백산 마루 신단수로 내려올 때 풍백, 우사, 운사와 함께 오는데, 바로 바람, 비, 구름 등 기후를 관장하는 이들이었다고 합니다. 이를 통해 우리 민족의 역사는 '농사'와 함께 시작되었음을 짐작할 수 있습니다.

우리나라와 같은 기후와 토양 조건에서 벼농사는 워낙 손이 많이 가는 일이다 보니 서로 힘을 합쳐 도와주지 않으면 감당할 수가 없었습니다. 그 덕분에 '품앗이'와 '두레'처럼 서로를 도와주는 공동체 문화가 자연스럽게 형성된 게 아닐까요? 힘든 노동을 함께하면서 '모내기 노래' 같은 노래는 물론이고, 농악놀이를 통해 노동을 즐거운 놀이로 승화시키는 지혜도 발휘되었죠. '농촌'이라는 단어 뒤에 '공동체'라는 말이 따라 붙는 것이 너무나 자연스러운 것도 이 때문입니다. 24절기를 비롯하여 모든 세시풍속도 농사에 맞춰 형성되었죠. 의식주도 자연스럽게 '벼농사'와 관련됩니다. 벼는 주식일 뿐만 아니라, 생활 전반에 두루두루 영향을 미친 것입니다.

버릴 것 하나 없는 벼

사실 벼는 버릴 게 하나도 없는 식물입니다. 벼이삭을 떨어내고 남은 잎과 줄기를 '짚'이라고 하는데, 이를 이용하여 길게 만든 줄을 '새끼'라고 합니다. 사극을 보면, 낮일을 끝낸 남정네들이 행랑채에 모여서 밤새 수다를 떨며 볏짚을 쌓아놓고 새끼줄을 꼬고 있는 장면이 나오기도 하죠. '짚'으로는 '신'도 삼습니다. '짚'으로 삼은 신발을 '짚신'이라고 하죠. 그런데 짚신은 쉽게 망가지기 때문에 먼 길을 떠나는 이들은 짚신을 몇 죽씩 짊어지고 다녀야 했습니다. 장례식에서도 저승길을 편히 가라는 의미에서 노잣돈으로 쓰일 엽전 몇 닢과 함께 짚신이 쓰였죠.

볏짚으로 만드는 것은 또 있습니다. 볏짚을 엮어 넓은 자리를 만든 것을 '멍석'이라고 하는데, '멍석말이'나 '하던 짓도 멍석을 깔아주면 못한다'는 속담에 나오는 바로 그 멍석입니다. 아마도 요즘 세상에 태어난 여러분들에게는 낯선 물건일 것입니다. 멍석은 마당에 펼쳐놓고 곡식이나 나물 등을 말릴 때도 썼지만, 잔칫날 마당에 깔아놓고 손님을 대접하기도 했으며, 장판 대신 방바닥에 깔기도 하였습니다. 굳이 오늘날과 비슷한 물건을 찾자면 돗자리나 매트 대용으로 쓰던 물건이라고 보면 편할 것입니다.

짚의 쓰임새는 또 있습니다. 1970년대 들어 지붕 개량을 하기 전까지만 해도 대부분의 농촌 마을에서는 '짚'을 엮어서 지붕을 덮었는데, 이를 '이엉'이라고 했습니다. 가을걷이가 끝나면 집집마다 '이엉'을 얹으며 겨울을 나기 위해 준비했죠. 새 이엉을 얹기 위해서는 헌 이엉을 걷어내야 하는데, 이때 헌 이엉 속에서 '굼벵이'가 우수수 떨어지곤 했습니다. 볏짚을 먹고 자란 굼벵이는 특히 간에 좋다고 하여 인기였습니다. 지금은 민속촌이나 가야 한 번쯤 볼까 말까한 진귀한 풍경이 되었지만 말이죠.

이처럼 '벼'는 우리 민족의 의식주 전반에서 빼놓을 수 없는 귀한 식물이었습니다. 그런데 급속한 산업화로 인해 우리나라의 사회구조가 바뀌고, 생활방식이 바뀌면서 예전과 같은 농촌의 그림은 사라졌고, '벼' 또한 우리의 생활 속에서 자연스럽게 멀어졌죠.

비만의 주범? 밥에 대한 억울한 오해들

한국인은 밥심으로 산다는 말을 들어보았을 것입니다. 그래서인지 어른들은 아무리 맛있는 것을 많이 먹어도 밥을 먹지 않으면 어딘가 허전해 합니다. 거기에 덧붙여 김치 한 조각을 먹어주어야 비로소 개운해 하지요. 그러나 서구화된 식습관으로 인해 요즘 아이들은 하루 종일 쌀 한 톨 먹지 않아도 전혀 아쉬움을 느끼지 않습니다. 게다가 1970년대 혼분식 장려 정책의 영향으로 흰쌀밥은 오히려 건강의 적이라는 엉뚱한 오명을 뒤집어쓰기도 했죠.

해마다 역대 최저치를 경신하던 쌀 소비량은 2017년 또다시 최저치를 기록했다고 합니다. 통계청의 자료에 의하면 2017년을 기준으로 한국인 1인당 한 해 쌀 소비량은 61.8kg으로 1980년대와 비교해 절반 수준에 불과합니다. 하루 쌀 소비량은 169.3g으로 밥 한 공기를 90g으로 보면 하루에 두 공기를 채 먹지 않는 셈이죠. 요즘

은 밥 대신 면이나 빵으로 그 선호도가 옮겨가고 있는데, 이제 조만 간 '밥심'이라는 말 대신에 '면심' 또는 '빵심'이라는 말이 나올지도 모르겠습니다.

한 설문조사 결과를 보면, 성인남녀 1,000명을 대상으로 쌀밥을 먹지 않는 이유를 물었더니 1위가 '건강과 몸매 관리', 2위가 '밥 외에 다른 머거리가 많아서'였으며 기타 '시간이 부족하고 귀찮아서', '맛이 없어서' 등의 답변이 뒤를 이었습니다. 서구화된 식습관도 쌀 소비 감소의 주요 원인 중 하나이지만, 무엇보다 몸에 좋지 않다는 우려가 생각보다 큰 영향을 미치고 있음을 알 수 있습니다. 쌀밥이 몸에 좋지 않다는 주장의 근거는 쌀밥의 주성분이 탄수화물이기 때문이라는 것인데, 밥을 대체하여 또 다른 탄수화물 덩어리인 빵이나 면의 소비가 늘어가는 것을 보면 유독 쌀밥에 대한 오해가 크긴 큰 모양입니다.

밥에 대한 가장 큰 오해 중 하나가 바로 다이어트의 적이라는 것입니다. 비만이 사회적인 문제가 되고 다이어트 열풍이 불면서, '탄수화물'은 다이어트의 주적으로 떠올랐습니다. 한국인의 주된 탄수화물 섭취원이 밥이다 보니 너도나도 '밥'을 건강의 적으로 돌리게 된 것입니다.

그러나 쌀에는 질 좋은 탄수화물을 비롯해 필수 아미노산인 '라이신'이 포함된 단백질과 무기질, 마그네슘 등 다양한 영양분이 함유되어 있습니다. 최근 한 임상실험을 통해서 밥과 밀가루 빵이 건강에 미치는 영향을 비교한 적이 있습니다. 이 실험에서 비만한 사람이 20주 동안 흰쌀밥과 현미밥을 먹은 경우에는 몸무게 800g과 허리둘레 0.4cm가 줄었고, 반면에 빵을 먹은 경우는 허리둘레가 평균 1.9cm 늘어났다고 합니다.

같은 밥이라도 흰쌀밥보다는 현미밥이나 잡곡밥이 더 건강에 좋은 게 사실입니다. 쌀의 영양은 쌀눈에 66%, 쌀겨에 29% 그리고 나머지 부분에 5% 가량 들어 있는데, 백미는 도정하는 과정에서 쌀눈이 80% 이상 떨어져 나가므로 좋은 영양분을 섭취하기가 어려운 것이죠. 아마 밥에 대한 오해도 여기에서 시작된 듯합니다. 그러니 쌀눈을 많이 섭취하려면 되도록 현미밥을 먹는 게 좋겠죠?

밥에 대한 두 번째 오해는 바로 당뇨에 좋지 않다는 것입니다. 밥의 탄수화물이 혈당을 높인다는 생각 때문이죠. 그러나 현미밥이나 잡곡밥은 흰쌀밥보다 비타민B와 칼슘 등 무기질 함량이 월등히 높고, 식이섬유도 풍부해서 변비 예방에도 도움이 됩니다. 식후 혈당을 조절하는 데에도 유리하기 때문에 당뇨와 같은 성인병을 예방하는 데에도 효과가 있습니다.

어떤 이들은 한국인들이 무색, 무미, 무취의 밥을 주식으로 삼고 있기 때문에 어쩔 수 없이 짠 음식을 반찬으로 먹을 수밖에 없다고 주장하며, '밥'을 '나트륨' 섭취 유발자라고 비판하기도 합니다. 여러분도 '밥도둑'이라는 말을 들어보았을 것입니다. 이 밥도둑에 해당하는 음식들은 '간장게장'이나 '젓갈류'와 같이 대체로 짠 음식이죠.

그러나 밥 자체에는 나트륨이 거의 없기 때문에 짠 음식을 조절하여 반찬을 섭취한다면 오히려 나트륨 섭취를 줄일 수 있습니다.

밥을 주식으로 하다 보면 자연스럽게 국과 반찬을 부식으로 식사를 할 수 밖에 없고, 그 과정에서 다양한 종류의 음식을 골고루 섭취할 수 있습니다.

탄수화물이 비만의 주범인 것처럼 알려진 것은 흰쌀밥의 'GI지수'가 높기 때문입니다. GI지수란 포도당 또는 흰빵 기준(100)으로 어떤 식품이 혈당을 얼마나 빨리, 많이 올리느냐를 나타내는 수치이며 혈당지수라고도 합니다. 예컨대 혈당지수가 85인 감자는 혈당지수가 40인 사과보다 혈당을 더 빨리 더 많이 올리죠.[34] 일반적으로 혈당지수 55 이하는 저혈당지수식품, 70 이상은 고혈당지수 식품으로 분류합니다. 대표적으로 흰쌀밥, 흰빵, 감자, 와플, 베이글 등이 고혈당지수 식품으로 분류되죠.

혈당지수가 높으면 그만큼 빨리 배고픔을 느끼게 되어 더 많은 탄수화물을 섭취하게 됩니다. 그렇게 과잉 섭취된 탄수화물은 지방으로 전환되어 우리 몸에 쌓이므로 어느새 밥이 비만의 주범인 것처럼 인식된 거죠. 그러나 쌀밥은 다른 곡류에 비하여 인슐린 분비를 자극하지 않아서 인체 지방의 합성과 축적이 억제되기 때문에 오히려 비만을 예방할 수 있습니다. 또한 혈당량의 급격한 증가를 초래하지 않아 당뇨병의 예방에도 효과가 있다고 합니다. 하나하나 따져보면 그동안 밥이 얼마나 억울한 오명을 쓰고 살아왔는지 잘 알 수 있습니다.

....
34. 혈당지수와 영양 (질병과 영양, 대한영양사협회)

알고 먹으면 더 맛있는 밥 이야기[35]

밥이라고 하면 아마도 흰쌀밥, 즉 '백미'밥과 '현미'밥이 떠오를 것입니다. 혹시 여러분은 백미와 현미의 차이를 알고 있나요? 어떤 사람들은 보리나 밀처럼 현미도 백미와는 별개의 곡식이라고 생각하기도 합니다. 그러나 백미와 현미는 둘 다 '벼'에서 나온 것으로 다만 도정한 정도에 따라 이름이 달리 불릴 뿐이죠. 도정이란 '벼'를 방아 찧어서 껍질을 벗겨 냄으로써 '쌀'을 만드는 과정을 말합니다. 벼 껍질을 어느 정도 벗겨내는가에 따라 1~13분도로 나뉘는데, 이 중 백미는 11~13분도로 도정한 것입니다. 겉껍질만 살짝 벗겨낸 것을 1분도라고 하는데, 이것이 바로 현미죠. 도정 정도에 따라 현미, 5분도미, 7분도미, 백미 등으로 부르는 것입니다.

밥의 무궁무진한 변신

쌀의 영양소가 주로 쌀눈에 집중되어 있는데, 도정을 많이 할수록 쌀눈이 많이 제거됩니다. 쌀의 영양분을 충분히 섭취하려면 현미밥이 좋지만, 소화력이 약한 어린 아이나 환자들은 소화가 잘되는 백미밥이 더 좋습니다. 즉 자신의 상황에 맞는 밥을 지어 먹으면 됩니다.

뭐니 뭐니 해도 역시 흰쌀로만 지은 윤기 자르르한 흰쌀밥이 가장 기본이면서 맛있죠. 옛날에는 생일날이나 잔칫날에만 먹을 수

....
35. 밥의 종류에 대한 이야기는 정혜경의 《밥의 인문학》을 참고하였다.

있는 귀한 음식이기도 했습니다. 그러나 먹기 좋은 떡도 하루 이틀이라고, 흰쌀밥만 먹으면 심심하니까 쌀에다가 온갖 재료를 섞은 다양한 종류의 밥이 등장했습니다. 쌀이 귀하던 시절에 모자란 쌀을 대체할 뭔가가 필요했다는 게 더 중요한 이유겠지만 말이죠. 우리 조상들은 어려운 상황을 멋지게 극복하면서도 더 맛있고 건강하게 밥을 먹는 방법을 찾아냈죠. 물론 쌀의 특성상 그 어떤 재료와도 잘 어울리기에 가능했을 것입니다.

여러 가지 잡곡을 섞은 잡곡밥, 각종 나물을 넣은 나물밥, 해산물 중에서도 굴을 넣은 굴밥 등 어떤 재료와 섞느냐에 따라서 무궁무진한 종류의 밥이 탄생합니다. 또 어떤 솥에다 밥을 하느냐에 따라서도 밥의 맛과 종류는 달라지죠. 요리하는 방식에 따라서도 각종 볶음밥에, 각종 덮밥은 물론이요, 밥을 할 때 솥을 어떤 것으로 쓰느냐에 따라서도 밥의 종류는 달라집니다. 참으로 백 가지 맛과 백 가지 멋이 있는 우리의 음식이 바로 '밥'이죠. 그래서 이제부터 다양한 우리 밥을 소개하려 합니다.

함께 나누는 정, 오곡밥

근대 이전에는 양반이나 지주들에게 수확한 쌀을 거의 내주어야 했고, 일제강점기에는 끊임없이 미곡(쌀) 수탈을 당했던 우리 민족에게 쌀은 늘 부족했습니다. 해방 이후에도 한동안 쌀이 부족했던 우리는 어쩔 수 없이 늘 여러 가지 잡곡을 섞어서 먹어야 했죠. 그래서인지 잡곡밥은 우리 민족의 전통에만 있다[36]고 합니다.

잡곡밥 중에서도 특히 정월대보름에 먹는 '오곡밥'은 우리 밥 문화의 정수[37]가 담겼다고 할 수 있습니다. 오곡밥이란 쌀, 수수, 조, 콩, 팥 이렇게 다섯 곡식을 한데 섞어 지은 밥인데, 쌀 부족을 지혜롭게 극복함은 물론 동양의 음양오행설에 맞추어 오곡이 조화를 이루도록 하여 균형 잡힌 영양을 섭취할 수 있습니다.

　무엇보다 오곡밥은 자기 식구끼리만 먹는 밥이 아니라, 이웃과 함께 나누어 먹는 밥이라는 점에서 더욱 의미가 있습니다. 오곡밥의 '5'는 사람의 나이를 뜻하는데 백 집이 나누어 먹어야 무병장수한다고 합니다. 그래서 정월대보름에 먹는 오곡밥은 '백가반(百家飯)'이라고도 합니다. 지난 한 해의 수확을 이웃과 나누고 추운 겨울 이웃과 정을 나누면서 새해를 준비하는 멋진 풍습이 아닐 수 없습니다. 밥을 나누며 정도 함께 나눈 거죠.

자연의 향을 담은 나물밥

먹거리의 '웰빙' 바람과 함께 나물밥의 인기가 치솟고 있습니다. 콩나물을 넣고 밥을 해서 맛있는 양념간장에 비벼먹는 콩나물밥도 일품이고, 채소가 귀한 겨울에는 무를 채 썰어 넣어 지은 무밥도 참 맛있죠.

　조선시대에 쓰인 《임원십육지》라는 책에 밥과 섞어 먹을 수 있

....
36. 정혜경(2015). 《밥의 인문학》. 따비. 323쪽
37. 정수(精髓) : 사물의 중심이 되는 골자 또는 요점, 사물의 중심이 되는 가장 뛰어나고 아름다운 것

는 다양한 채소들이 소개되어 있는 것을 보면 나물밥의 역사는 꽤 유구합니다. 지형적으로 유난히 산이 많은 우리나라는 지천에 널린 각종 산나물을 활용할 수도 있었고, 밭에서 기르는 채소인 각종 남새를 이용할 수도 있었습니다. 나물을 넣어 밥을 함으로써 모자란 쌀을 보충하여 포만감을 주는 동시에 채소 고유의 향을 즐길 수도 있었죠. 굶주림에서 백성을 구하는 '구황(救荒)'의 역할도 하고, 자연의 향을 함께 누리며 풍류를 더할 수도 있으니 일석이조였습니다. 먹는 것 하나에도 풍류를 따지고, 단사표음(簞食瓢飮)이라고 하여 대나무 밥그릇에 밥을 담고 표주박으로 물을 떠서 먹는 청빈하고 소박한 생활을 제일로 치던 우리 조상들의 삶의 방식에도 딱 어울리는 멋진 밥이 아닐 수 없습니다.

한식의 대명사가 된 비빔밥

외국인들에게 널리 알려지고 또 가장 좋아하는 한식 메뉴 중 하나가 바로 '비빔밥'입니다. 하얀 쌀밥 위에 각종 나물과 고기, 고명을 가지런히 얹어서 참기름과 고추장이나 간장 등의 양념을 넣어 비벼 먹는 음식입니다. 색색의 나물과 그 위에 놓인 달걀노른자의 노란색이 어우러져 일단 눈이 즐겁고, 온갖 재료들이 양념장에 비벼진 후에는 입 안 가득 퍼지는 다양한 맛의 향연에 또 한 번 즐겁습니다.

비빔밥은 산신제나 동제, 시제처럼 야외에서 이루어지는 각종 제사에서 제물로 올린 음식을 함께 나누어 먹는 음복문화에서 시작되었다고 합니다. 산이나 들에서 제사를 지내다 보니 각각의 재료를 담을 그릇들을 제대로 갖출 수 없어서 그릇 하나에 이것저것 섞어서 먹게 된 거죠. 또 많은 손님들에게 일일이 음식을 대접하기 어려워 제사에 오른 모든 제물을 고루 섞어 비벼 먹던 풍습에서 비빔밥이 유래한 것으로 보입니다. 그렇게 먹던 비빔밥 맛이 좋았던지, 제사가 아닌 때에도 이것저것을 섞어서 비벼 먹는 것을 좋아하게 된 게 아닐까요? 지금도 시골집에서는 제사나 차례를 지내고 나면 커다랗고 깨끗한 양푼에 제사상에 오른 각종 나물들을 넣고 한꺼번에 비빈 다음, 온 식구가 각자 그릇에 담아 나누어 먹습니다. 그야말로 한솥밥을 먹는 셈이죠. 늘 그래왔기 때문에 그렇게 비벼먹지 않으면 오히려 서운할 지경입니다. 결국 비빔밥은 신을 위한 음식을 인간이 함께 나눠 먹는**[38]** 것에서 생겨난 음식입니다. 신을 위해 바쳤던 정성스런 음식으로 만든 것이니, 정성도 정성이려니와 그 맛 또한 더할 나위 없지 않을까요?

예전에는 비빔밥을 '골동반'이라고도 불렀습니다. 골동반은 여러 가지 재료를 한꺼번에 넣고 잘 비빈다고 하여 '뒤섞는다'는 뜻의 '골동(骨董)'과 밥을 뜻하는 '반(飯)'이 합쳐진 말이죠. 한꺼번에 넣고 비벼야 하니 여럿이 함께 먹어야 하는 밥이요, 여러 재료가 한데 어우러지는 음식이니 '화합'을 상징하기에도 좋은 음식입니다. 학교에서 학급별 단합대회 때 간편하게 먹을 수 있는 음식으로도 '비빔밥'

....
38. 이를 '신인공식(神人共食)'이라 한다. 제사를 지낸 후 술과 제사음식을 나누어 먹는 풍속을 '음복(飮福)'이라 하는데 이와 관계가 있다.

만한 게 없죠. 불을 쓸 필요도 없고, 각자 맡은 재료들을 가지고 와서 잘 섞기만 하면 되니까요.

그래서인지 몰라도 어떤 이들은 한국 문화의 특성을 '비빔'에서 찾기도 합니다. 갖가지 재료들을 한데 모아 뒤섞었는데도 조화로운 맛을 내는 비빔밥을 보며, 다양한 개성을 지닌 사람들을 하나로 모으는 융합의 정신을 찾아낸 거죠. 비빔밥은 그 유래에서부터 공동체적 문화의 소산인 것입니다.

원래 비빔밥은 밥과 나물 등의 부재료를 분리하지 않고 함께 섞어 비벼서 먹었는데, 후대로 가면서 밥 위에 부재료를 따로 얹는 방법으로 발전되었습니다. 들어가는 재료들도 조금씩 변화되었는데, 근대 초기에는 부재료로 전류나 적류가 사용되었으나, 지금은 알쌈이나 볶은 쇠고기 등 조리법이 간단해졌죠. 비행기 기내식으로도 제공되고 있는 비빔밥은 명실상부한 한식의 대표선수입니다.

내 밥상의 주인이 된다는 것

생애 첫 밥을 지어본 기억이 납니다. 초등학교 3학년 때였는데, 들일을 나가신 부모님이 날이 어두워지는데도 돌아오지 않아서 어린 마음에 밥이라도 지어놓아야 하지 않을까 생각했죠. 그때까지 단 한 번도 밥을 지어본 적은 없었지만, 어머니께서 밥 짓는 모습을 매일 보아왔기 때문에 어쩐지 할 수 있을 것 같았습니다. 밥을 짓기 위해 쌀을 씻어 솥에 넣고 물을 맞추는 것을 '안친다'고 하는데 그럭저럭 눈대중으로 밥을 안쳤죠.

문제는 지금처럼 코드만 꽂으면 전기밥솥이 알아서 조리해주는 게 아니라 가마솥에 불을 때야 했다는 것이었습니다. 눈과 코로 연신 매운 연기를 들이마시면서 땀을 뻘뻘 흘리며 불을 때고 있는데, 마침 어머니께서 돌아오셔서 대체 무슨 짓을 한 거냐며 혼을 내셨죠. 물론 어머니는 어린 아이가 위험하게 혼자서 불을 땐 일을 두고 걱정하신 것이었습니다. 내 마음도 몰라주는 어머니가 야속해 어린 마음에 서운하기도 했지만, 저녁밥으로 밑은 시커멓게 타고 위는 설익은 그야말로 삼층밥을 먹어야 했던 가족들을 보면서 미안한 마음이 들었던 기억이 납니다. 그렇게 처음은 서툴렀으나 그 후에는 어머니가 늦으시면 곧잘 밥을 해놓곤 했습니다. 무엇이든 처음이 어려운 법이니까요.

나뿐만 아니라, 옛날 아이들은 어려서부터 밥을 곧잘 지었습니다. 밥만 있으면 반찬이야 김치만 있으면 되었으니, 간단한 콩나물국 하나 정도면 자기 밥상 정도는 거뜬히 차릴 수 있었죠. 그러나 요즘 여러분 세대는 부엌에서 뭔가 해볼 기회도 별로 없을뿐더러, 어릴 때부터 새벽에서 한밤중까지 무거운 가방을 메고 학교로 학원으로 돌면서 그나마 엄마가 해주시는 따뜻한 밥 한 그릇 먹기도 힘든 삶을 살고 있다고 생각하니 측은하기 그지없습니다.

아침은 거르기 십상이고 점심은 급식, 저녁은 편의점에서 때우죠. 그나마 제대로 된 한 끼는 학교에서 먹는 급식이 고작인데, 여

유는 고사하고 와자지껄 시끄러운 급식실에서, '먹는다'기보다 입
안에 정신없이 쓸어 담는 지경입니다. 그러니 오직 자기만의 밥상
을 접해볼 기회가 없었을 것입니다. 하지만 누군가 해준 밥에만 익
숙해지면 자신만의 입맛도 잃어갈 수 있습니다.

요즘 인기 있는 예능 프로그램 중에 〈수미네 반찬〉이라는 것이
있습니다. 연예계에서 손맛 좋기로 소문난 한 중견 여배우에게 유
명 요리사들이 음식을 배우는 프로그램이죠. 거기에서 그 여배우는
모든 요리를 대충 감각으로 뚝딱 해치웁니다. 간장 2큰술, 설탕 1작
은술… 이런 식으로 딱딱 계량화된 레시피에 익숙한 유명 셰프들이
'쬐끔', '넉넉하게', '한 수저', '적당히' 등의 양이 구체적으로 정확히
얼마인지를 이해하지 못해 당황하는 모습이야말로 시청자들의 웃
음 포인트죠. 그런데 그렇게 대충 만들었는데, 그 어떤 유명 셰프의
음식과 비교해도 손색없는 맛을 냅니다. 한식에서 늘 말하는 바로
그 '손맛'의 진수를 보여주죠.

바로 이런 것이 한식의 묘미이기도 하지만, 그만큼 익숙지 않은
사람이 제대로 한식의 맛을 내는 게 쉽지 않습니다. 밥도 마찬가지
입니다. 쉬운 듯하지만 밥물을 딱 알맞게 맞추기는 결코 만만치 않
습니다. 요즘은 계량컵도 나오고, 전기 압력 밥솥에는 눈금도 그려
져 있어서 거기에 맞추면 아주 망치지는 않지만, 그래도 희한하게
어떤 날은 좀 된밥이 되고, 또 어떤 날은 좀 진밥이 됩니다. 대장금
의 한 상궁처럼 일부러 언덕밥을 짓지 않았는데도 본의 아니게 언
덕밥이 되어 있는 경우도 있습니다.

예전의 우리 어머니들은 대충 손등이 잠길 정도로 밥물을 맞추곤 했습니다. 계량도구는 바로 '눈대중'이죠. 한식 세계화가 어려운 이유를 두고 한때는 음식 만드는 법이 표준화되어 있지 않다는 점이 종종 지적되었습니다. 같은 음식도 누가 요리하느냐에 따라 다 맛이 다르기 때문에 손님들은 기대한 맛을 얻기 힘들다는 거죠. 맥도날드식 프랜차이즈의 성공요인이 바로 맛의 표준화에 있다는 점을 생각해보면 그러한 지적이 한편으론 이해가 됩니다.

그러나 영국의 철학자 줄리언 바지니는 《철학이 있는 식탁》이란 책에서 '레시피가 문제의 뿌리'라고 하였습니다. 고정된 조리법을 고안해내는 순간 조리하는 사람은 스스로 판단할 기회를 빼앗김은 물론 요령도 터득할 수 없게 된다고 본 거죠. 직접 보고 냄새 맡고 맛보는 것이 아닌, 글로 쓰인 정보에 의존하면서 우리는 주방에서의 지휘권을 잃게 된다는 뜻입니다.

그런 의미에서 한식은 주부의 지적 역량을 한껏 발휘할 수 있는 음식이 아닐까요? 개인의 취향과 손맛에 따라 한 큰술이 두 큰술이 될 수도, 세 큰술이 될 수도 있습니다. 그렇게 함으로써 어머니의 손맛이라고 불리는 각자의 맛이 창조되죠. 그리고 그러한 집밥의 기본이 되는 것이 바로 '밥' 아닐까요?

거대 프랜차이즈들의 가장 큰 문제점 중 하나는 전 세계인의 입맛을 하나로 통일해버린다는 것입니다. 이것은 거대 식품회사들이 바라는 바이기도 하죠. 먹거리가 획일화될수록 생산비가 절감되어 더 큰 이익을 얻을 수 있으니까요. 그들은 먹거리를 철저하게 자본의 논리로만 바라봅니다.

하지만 각자의 스타일대로 집밥을 요리해 먹다 보면, 자신의 식성에 따라 다양한 변화가 가능하고, 저마다 취향이 다르기 때문에 대량생산도 필요 없어질 것입니다. 그렇게 필요한 만큼씩 소량으로 다양한 소비가 이루어진다면, 지구 반대편의 이름도 모르는 나라에서 대량으로 만들어진 게 아니라, 우리 마을 근처 어딘가에서 친숙한 누군가가 정성들여 기른 식재료를 이용해 다양한 음식을 만들어 먹을 수 있지 않을까요?

엄청난 거리의 푸드 마일을 허비하지 않고, 농약이나 비료 등의 화학적 도움을 조금이라도 덜 받은 건강한 먹거리를 위해서라도 획일화된 음식이 아니라 각자의 개성에 맞는 집밥을 만들어 먹어야 합니다. 남이 만들어준 입맛이 아닌 자기만의 입맛을 지킵시다. 내 밥상의 주인은 내가 되어야 하니까요. 그런 의미에서 여러분도 먼저 밥을 직접 지어보면 어떨까요? 자, 시작이 반입니다!

03
김치 없인 못살아, 정말 못살아!

요즘에는 거의 집집마다 김치냉장고가 있습니다. 김치냉장고의 대중적인 보급에 혁혁한 공을 세운 것은 아마도 모 전자회사에서 출시한 '딤채'라는 이름의 김치냉장고일 것입니다. '딤채'란 김치의 옛이름입니다. 그래서인지 자연스럽게 입에 착착 붙습니다. 사실 이전에도 김치냉장고는 있었지만, '딤채'야말로 김치냉장고를 대중화시킨 브랜드일 것입니다. 현재 여러 회사에서 다양한 김치냉장고를 선보이면서, 그 위세가 약해지기는 했지만 말입니다.

우리의 위대한 문화유산, 김치

김치의 이름을 보면, 묵은지, 섞박지, 오이지, 채지, 짠지에서와 같이 '—지'가 많이 보입니다. 이 '—지'는 본래 '담그다, 스미다, 물들이다'는 뜻을 가진 '지(漬)'에서 나온 말이에요. 채소에 소금을 뿌리거나 소금물을 부어 숙성시키는 것을 '침지(沈漬)'라고 합니다. 이렇게 침지한 채소라는 뜻에서 이를 '침채(沈菜)'라고 하였고, 이것이 '팀채' 또는 '딤채'로, '짐채', '김채'의 순으로 변화되어 오늘날의 '김치'가 되었다는 것입니다.

김치에 대한 어원은 이 밖에도 다양하게 존재합니다. 김치에 대한 또 다른 어원으로는 김치를 뜻하는 한자 '함채(鹹菜)'에서 '감채', '김채', '김치' 순으로 변화하였다는 설도 있죠. 또 어떤 이들은 김치를 뜻하는 고유어로 원래 '딤채'라는 말이 있었는데, 이를 한자의 음을 따서 '침채(沈菜)'라고 하였다고 말하기도 합니다. 한편 우리 민족의 고유한 풍습인 '김장'은 '침장(沈藏)'이라는 말에서 유래하여, '팀장'과 '딤장'을 거쳐 '김장'이 되었다고 합니다.

역사 속에 남아 있는 김치

여러분 중에는 김치를 좋아하는 사람도, 또 싫어하는 사람도 있을 것입니다. 하지만 김치를 빼놓고 감히 한식을 논할 수 없다는 말에는 누구나 동의할 것입니다. 그렇다면 김치가 우리 밥상문화에서 이토록 중요한 지위를 차지하게 된 이유는 무엇일까요?

김치에 대한 최초의 기록은 약 3천 년 전에 쓰인 중국의 옛 문헌인 《시경(詩經)》에서 찾을 수 있습니다. 이 책에 의하면 "오이를 깎아 저(菹)를 만들었다."는 내용이 나오는데, 이때 '저'란 채소를 오래 보관하기 위해서 초절임을 하거나 숙성시켜 신맛을 내는 식품입니다. 바로 이것이 김치의 원형으로 추측됩니다.

이런 식의 절임 식품은 우리나라 상고시대에도 만들어 먹었던 것으로 보입니다. 특히 삼국시대에 와서 곡류가 주식이 되면서, 균형 잡힌 식사를 위해 염분이 있는 채소를 함께 먹기 시작하였는데, 겨울에도 채소를 오래도록 보관하며 먹기 위해서 여러 채소를 소금에 절인 음식이 발달하였습니다.

불교의 영향으로 육식이 억제되었던 고려시대에는 채소를 이용한 음식이 다양하게 발달했죠. 이 시기 김치의 가장 큰 특징은 장아찌 형태의 단순한 절임에서 벗어나 파와 마늘 등을 활용한 양념형 김치가 등장하였다는 점입니다. 또한 오이, 미나리, 부추, 갓, 죽순 등 김치에 들어가는 채소가 다양해지고, 물김치 형태의 김치가 등장한 것도 이 무렵입니다. 우리 음식문화의 가장 큰 특징인 김장 문화가 시작된 것도 바로 고려시대죠. 고려 문인 이규보의《동국이상국집》에는 "무장아찌는 여름철에 먹기 좋고, 소금에 절인 순무는 겨우내 반찬이 된다."는 내용이 남아 있습니다.

조선시대 초기에는 김치에 들어가는 부재료가 다양해지면서 여러 종류의 김치 담그는 방법이 개발되어 다양한 김치가 만들어졌습니다. 아직까지 고추가 전래되지 않았기 때문에 매운맛을 내기 위해 천초를 넣고, 맨드라미꽃이나 잇꽃, 연지 등을 사용하여 붉은 색을 내었다고 합니다.

임진왜란을 전후하여 일본을 통해 고추가 전래되면서[39] 김치에 사용하는 소금의 사용량이 예전보다 훨씬 줄어들게 되었죠. 또한 고추의 매운맛과 향이 생선의 비린 맛을 잡아주어, 김치에 젓갈을 이용할 수 있게 되었습니다. 다만 고추가 우리나라에 어떤 경로로 들어왔는지에 대해서는 여전히 논란이 있습니다.

오늘날과 같은 통배추 김치를 만들어 먹기 시작한 것은 1700년대 중엽 이후 통이 크고 속이 꽉 찬 결구형 배추가 중국을 통해 전래되면서부터입니다. 배추는 영어로 '차이니즈 캐비지(Chinese Cabbage)'니 중국 양배추인 셈이죠. 즉 원산지가 중국인 것입니다. 배추가 전래되면서 그간 많이 이용하던 오이, 가지, 순무 대신에 배추가 김치의 주재료로 자리 잡기 시작했죠.

그러나 이러한 중국식 배추가 민간에서 널리 쓰이게 된 건 19세기[40] 이후였으니, 현대적 의미의 배추김치 역사는 생각보다 그리 길지 않습니다. 그러나 쌀을 주식으로 하는 한식에서 김치가 가진 영향력이나 그 역사는 우리 민족의 역사와 그 맥을 같이한다고 할 수 있습니다.

비록 지금 우리가 먹고 있는 배추는 중국을 통해 들어왔지만, 중국의 배추와 우리나라의 배추는 질적으로 다릅니다. 왜냐하면 중국

....

39. 세계김치연구소, 《김치와 김장문화의 인문학적 이해》, 민속원, 109쪽
40. 세계김치연구소, 《김치와 김장문화의 인문학적 이해》에 따르면 배추가 우리나라에 전래된 것은 고려시대이지만, 이것은 반결구형 배추이고, 오늘날과 같은 결구형 배추가 전국적으로 보급된 것은 1906년 뚝섬에 권업모범장이 설립되면서부터라고 한다.

배추는 물기가 많아서 김치를 담그면 쉽게 무르고 아삭한 맛이 나지 않거든요. 겉절이로는 먹을 만하지만, 김치를 담그기에는 조금 아쉽습니다. 이런 경우는 '귤화위지(橘化爲枳)'가 아니라 '지화위귤(枳化爲橘)'이라고 해야 할까요. 즉 우리나라의 배추는 우리 토양에 맞게 자라서 딱 우리나라의 김치에 어울리게 변화된 거죠.

처음부터 김치가 흔한 먹거리였던 건 아닙니다. 그래서 한때는 김치가 뇌물로 쓰이던 적도 있었다고 합니다. 신흠의 《상촌집》에는 광해군 때 임금에게 잘 보이려고 잡채와 김치를 뇌물로 올리고 당상관(상서)과 정승으로 승진했다는 기사와 함께, '잡채 상서', '침채 정승'이라는 말이 등장합니다. 부정부패와 매관매직이 횡행했던 시대였음을 알리는 글이지만, 또 한편으로 김치가 뇌물로 상납될 정도로 귀한 음식이었음을 짐작할 수 있지요.

김장문화로 보는 우리 민족의 공동체성

한국의 연례행사 중 빼놓을 수 없는 것이 바로 김장입니다. 특히나 과거에는 한 번에 몇 백 포기씩 김장을 하다 보니 온 동네 사람들이 모여 품앗이를 하곤 했습니다. 물론 공짜 품앗이는 아닙니다. 김장을 하는 집에서는 돼지 수육도 삶고(아, 물론 있는 집에서), 밥도 해서 갓 담은 김장김치로 도와주러 온 사람들을 대접했죠. 엄마가 와 있으니, 아이들도 따라 오고 결국은 동네잔치가 됩니다. 그렇게 시끌

벅적하게 하루는 윗집, 하루는 아랫집 김장을 하다 보면, 어느새 온 마을 사람들이 하나가 되었죠.

나눔의 정신을 실천하는 김장문화

간혹 형편이 어려워서 김장을 담그지 못하는 집도 이 집 저 집 김장 품앗이를 해주고 십시일반으로 한두 포기 얻어온 김치로 겨울을 날 수 있었습니다. 함께 일을 해주고 얻어오는 건강한 노동의 대가이니 손이 부끄럽지도 않았고, 도와준 사람은 누구나 다 한두 포기씩 얻어가는 것이니 자존심에 생채기가 나지도 않았죠. 특히 잘 사는 사대부에게 김장김치는 부의 분배 수단이기도 했습니다. 생계가 어려운 이웃에게 김장김치를 나눠주는 게 당연한 문화였던 거죠.

"풍년이면 김장을 늦게 담그고 흉년이면 일찍 담가야 한다."는 말도 있습니다. 흉년이 들어 먹을 것이 없는 이들에게 김장김치는 그만큼 중요한 양식이었다는 뜻이죠. 먹을 것이 흔하지 않은 한겨울, 무와 배추 그리고 갖은 양념과 젓갈로 버무린 김장김치는 가난한 이들에게 중요한 영양 공급원이었습니다.

나눔의 정신을 실천하는 한국의 김장문화는 2013년에 유네스코 인류무형유산으로 등재되기도 했습니다. 정식 명칭은 "Kimgang, making and sharing kimchi"입니다. 명칭에서도 알 수 있듯이 김치라는 음식 자체가 아니라 김치를 담그고 그것을 나누는 문화인 김장이 인류무형유산으로 지정된 것입니다.

유네스코 무형유산위원회는 "김장문화는 한국인의 일상생활에서 세대를 거쳐 내려오며 이웃 간 나눔의 정신을 실천하고 공감대를 형성하는 한편 연대감과 정체성, 소속감을 증대시킨 중요한 유산"이라며, "김장의 등재는 비슷하게 자연재료를 창의적으로 이용하는 식습관을 가진 국내외 다양한 공동체 간의 대화를 촉진할 것"이라고 등재 이유를 밝혔죠. 김치의 우수성과 더불어 '김장'을 하나의 공동체적 문화이자 인류의 소중한 문화유산으로 계승할 필요가 있다는 점을 인정받은 셈입니다.

안타깝게도 최근 들어 과거와 같은 공동체적 김장문화도 점점 사라지고 있습니다. 예전처럼 김장을 많이 하기보다는 조금씩 해먹거나 아예 사서 먹기도 하니까요. 유네스코 인류무형유산 등재가 무색할 정도입니다. 사실 오늘날에는 과거와 달리 사시사철 배추를 구할 수 있고, 굳이 김치가 아니더라도 겨울에 다른 먹거리가 넘쳐납니다. 따라서 예전만큼 김장을 많이 할 필요가 없어졌죠. 게다가 가족의 형태도 핵가족으로 변하고 1인 가구가 증가하면서 김치 담그는 양도 크게 줄었고, 서구식 식생활의 영향으로 김치 소비 자체도 줄었습니다. 이러한 변화 속에서 마을 축제로서의 김장문화도 점차 사라져가고 있습니다.

그러나 우리는 김장문화의 전통이 함께 담그고 함께 나누는 공동체의식에 뿌리를 두고 있다는 사실만큼은 잊지 말아야 할 것입니다. 아직도 연말연시가 되면 곳곳에서 어려운 이웃을 돕는 상징적인 행사로 김장김치를 담그는 행사가 열리곤 합니다. 아마도 우리네 공동체성을 지키고자 하는 노력이자, 사라져가는 우리 문화에 대한 아쉬움이 아닐까 싶습니다. 최근에는 지자체가 주도하는 마을 김장 축제도 많이 열리고 있습니다. 이런 행사들이 성황리에 개최되는 걸 보면, 우리 민족의 DNA는 공동체성에 대한 이끌림이 남다르고 그에 대한 향수도 여전한 듯합니다.

또 한편에서는, 공동체적 문화로서 김장의 본질은 사라지고 단지 여성에게만 요구되는 성차별적 고된 노동으로 인식되기도 합니다. 예전에야 김장을 하고 김장독도 묻어야 하니, 온 동네 사람이 나서서 하는 일이었지만, 지금이야 어디 그런가요? 여성의 사회적 진출이 많아지면서 가뜩이나 바쁜 여성들에게 일방적으로 주어지는 의무가 되어버린다면 김장은 더욱 부담스런 행사가 될 수밖에 없겠죠. 김장이 과거와 마찬가지로 온 가족과 온 마을이 남녀노소 구분 없이 함께하는 잔치가 되었으면 좋겠다는 바람입니다.

시대가 변해도 우리의 김장문화가 그 의미를 지키며 유지되려면 김장이 단지 겨울을 나기 위해 김치를 담는 노동 행위로만 인식되어서는 안 될 것입니다. 먹거리가 풍족한 시대를 살아가는 현대인에게 월동 준비로서의 김장의 역할은 이미 끝나가고 있으니까요. 우리가 계승해야 할 것은 김치 그 자체가 아니라 김장문화의 본질입니다. 김장은 이웃과 더불어 서로의 정을 나누고, 함께 음식을 나누는 행위, 즉 모두 함께 잘 사는 세상을 만드는 시작입니다. 이를 통해 소외되는 이웃에 대한 관심을 기울이면서 점점 파편화되어가는 인간관계를 복원하는 소중한 문화유산으로 김장의 의미를 되살려 나가면 좋겠습니다.

무 배추 캐어 들여 김장을 하오리라

앞 냇물에 깨끗이 씻어 소금 간 맞게 하소

고추 마늘 생강 파에 젓국지 장아찌라

독 곁에 중두리요 바탱이 항아리라

양지에 움막 짓고 짚에 싸 깊이 묻고

장다리 무 아람 한 말도 얼지 않게 간수 하소

농가에서 월별로 해야 할 일과 월별 풍습을 기록한 월령체 장편 가사, '농가월령가' 중 10월령, 맹동(孟冬)의 일부이다. 1816년(순조 16년)에 정약용의 아들인 정학유가 지었다. 음력으로 10월, 11월, 12월 이렇게 석 달이 겨울인데, 10월은 겨울이 시작되는 달이라 '처음 맹(孟)' 자를 써서 '맹동(孟冬)'이라고 한다. 그 맹동에 처음 하는 일이 바로 '김장'이다. 이는 예나 지금이나 다르지 않다.

　"김장철에는 아홉 방 부녀가 다 나온다."라는 말이 있다. 얼굴을 잘 드러내지 않던 규중처녀도 김장철에는 나와서 일을 돕는다는 말이다. 지금처럼 먹을 게 넘쳐나는 시절도 아니고, 김치는 겨울나기의 중요한 밑천이나 마찬가지였다. 겨울 서너 달을 먹을 김치를 한꺼번에 담는 일이 결코 쉬운 일은 아니다. 지금은 예전처럼 김장을 많이 담는 집이 드물지만, 1960년대만 해도 가장들에게 '김장 보너스'를, 여학생들에게는 '김장 방학'을 주기도 했다고 한다.

개별민족의 특수성을 상징하게 된 김치

마빈 조니스와 댄 레프코비츠가 쓴 《빅맥이냐, 김치냐》라는 책이 있습니다. 이 책의 원제는 "The Kimchi Matters"인데, '김치'라는 단어가 국제 정치경제학 용어로 사용되었다는 점이 재미있습니다. 이 책은 성공적인 세계화를 위해서 각 민족의 문화적 전통과 정치적 역동성을 어떻게 극복할 것인가를 다루고 있습니다. 우격다짐으로 진행되는 세계화는 결국 벽에 부딪힐 수밖에 없으며, 성공적인 세계화를 위해서는 개별국가의 지역적 특성을 고려하고 현지화하는 전략을 사용해야 한다는 것이 작가의 주장입니다.

이 책에서 빅맥은 세계화의 상징으로, 김치는 세계 각국의 민족적 특수성과 역동성을 뜻하는 용어로 사용되고 있습니다. 아마도 '김치'가 주는 독특한 문화적 인상이 외국인들에게는 서양 세계와 차별화된 개별민족의 특수성으로 인식되었나 봅니다.

이처럼 김치는 이미 세계인들에게 단순한 한국 음식의 아이콘을 넘어서 한 민족의 문화적 정체성으로까지 받아들여지고 있습니다. 그렇다면 거꾸로, 우리는 거대 자본의 일방적인 세계화에 맞서서 민족의 정체성을 지키면서도 세계화라는 거대한 시대적 변화에 주도적으로 대비하기 위해서 '김치'로 상징되는 우리 문화의 특수성을 지켜내야 하지 않을까요?

이미 1장에서 패스트푸드를 비롯한 먹거리 세계화의 여러 폐단들에 대해 언급한 바 있습니다. 하지만 21세기는 세계화의 시대이고, 그 큰 흐름을 막을 순 없습니다. 다만 세계화에서 야기되는 문제점을 최소화하고, 거대한 물줄기에 일방적으로 휩쓸려 가지는 말아야 할 것입니다. 어쩌면 우리가 김치에 대한 자부심을 가지고, 김치를 지키려는 노력이 그 작은 출발점이 되지 않을까요?

둘이 먹다 둘 다 죽어도 모를 김치의 맛

한국인의 자랑거리 중 하나인 김치. 그런데 옛날에도 우리나라의 김치 맛은 정말 대단했나 봅니다. '이기환의 흔적의 역사'라는 칼럼 (경향신문, 2017.11.29.)을 보면 성대중의 문집 《청성잡기》에 실린 다음 이야기가 소개되어 있습니다.

> "병자호란 때 청나라 오랑캐 두 놈이 신풍 장 씨의 서자 집 마당에 뛰어들었다. 배가 고팠던 두 오랑캐는 땅에 묻어둔 김칫독에서 김치를 허겁지겁 배불리 먹고는 갈증이 나자 동치미를 담은 독을 찾았다. 마침내 동치미 김칫독을 찾아냈지만 국물이 바닥을 드러내고 있었던 탓에 퍼낼 수가 없었다. 두 오랑캐는 손을 땅에 짚고 머리를 독 속에 넣고 벌컥벌컥 동치미를 마셨다. 그 시원하고 새콤한 맛에 정신을 차리지 못하였다. 그 모습을 본 신풍 장 씨의 서자가 '이때다'하면서 달려가 두 오랑캐를 독 안으로 밀어 넣었다. 독 속에 거꾸로 처박힌 두 오랑캐는 그대로 젓(갈)이 되고 말았다. 전쟁

이 끝난 뒤 장 씨의 서자가 젓이 된 두 오랑캐의 귀를 잘라 바치자 조정은 상급으로 벼슬을 내렸다."

살아 있는 사람을 '절인다'는 점에서 '저형(菹刑)'이라는 형벌이 생각나는 다소 끔찍한 이야기이기는 합니다. 저형이란 중국 은과 진한 시대에 실제로 행해졌던 형벌로 생사람의 포를 떠서 절인다는 극형 중의 극형입니다. 저형에 사용된 한자 '菹'는 '김치 저, 절일 저' 자입니다. 하지만 병자호란을 겪으며 오랑캐들의 잔인무도한 수탈을 경험하고 임금인 인조가 청나라 황제 앞에서 '삼전도의 굴욕'을 당한 이후이니 당시 사람들에게는 이 일화가 아마 잔인함보다는 시원한 동치미 한 사발, 오늘날로 치면 사이다 한 사발을 벌컥 들이킨 듯 속 시원한 이야기였을 것입니다.

이 이야기의 사회적 의미를 떠나서, 두 오랑캐가 김치 맛에 취해 정신을 차리지 못하고 속수무책 당한 것을 보면 우리의 김치 맛이 얼마나 뛰어났는지 가히 짐작할 수 있습니다. 둘이 먹다 하나가 죽어도 모르는 게 아니라 둘이 다 죽어도 모를 정도였으니 말이죠.

김치에 관한 옛 문헌을 보면 공자가 '창포저(창포 김치)'를 먹고 얼굴을 찡그렸는데, 그 맛에 익숙해지는 데 3년이 걸렸다는 기록이 나옵니다. 중국의 옛날 김치인 '저'가 신맛이었다는 걸 알 수 있죠. 그런데 우리나라의 김치는 단순한 신맛이 아닙니다. 우리나라 김치에는 묘하게 깊은 맛이 있는데, 바로 젓갈을 사용하여 젖산 발효를 시켰기 때문입니다. 그래서 일본이나 중국 김치에 비해 유산균이 월등히 많고 맛도 깊죠.

단순 절임 음식과 김치의 결정적인 차이는 발효에 있습니다. 단순 절임 음식에서 시작된 김치의 역사는 이 '발효'의 과정을 거치면서 질적 변화를 이룬 것입니다. 그리고 우리나라의 김치는 바로 이 젖산 발효를 통해 배추의 아삭한 질감을 지키면서도 시원하고 깊은 맛을 낼 수 있었습니다.

맛과 관련하여 우리나라 사람들이 자주 사용하는 말 중 유독 외국인들은 잘 이해하지 못하는 말이 있습니다. 바로 '시원하다'는 표현입니다. 잘 익은 김치 맛도 시원하고, 차가운 동치미 국물도 시원하며, 뜨끈뜨끈한 해장국을 먹어도 우리는 시원하다고 말합니다. "앗, 뜨거워!" 하는 소리가 절로 나는 뜨거운 온탕에 앉아서 '시원하다'고 하는 것도 같은 맥락이 아닐까요?

아무튼 김치가 잘 발효가 되어서 맛있게 푹 익은 상태를 두고 우리는 '곰삭았다'고 말합니다. 이와 달리 간혹 젓갈이나 소금의 농도를 잘 맞추지 못하거나 날씨의 문제 등으로 김치가 잘 발효되지 못하는 경우가 있습니다. 배추가 제대로 숨이 죽지 않고 뻣뻣하거나, 아주 이상한 맛이 나는 경우인데, 이를 두고 '김치 맛이 미쳤다'고 하죠. 한 번 미쳐버린 김치 맛은 되돌리기 어렵습니다. 뭐든 급하게 서두르다 보면 탈이 나는 법이죠. 딱 알맞게 곰삭은 김치의 맛을 얻기 위해서는 은근하고 정성스런 기다림이 필요합니다. 절차를 뛰어넘어서도 안 되고 조급해서도 안 되죠. 이는 세상 모든 일에서도 마찬가지일 것입니다.

세계적으로 인정받는 김치의 우수성

맛도 맛이지만, 김치는 세계적인 건강식품입니다. 2006년 미국의 건강 전문 잡지 〈헬스(Health)〉지에서 세계 5대 건강식품 중 하나로 '김치'를 선정하면서 김치는 다시 한 번 세계인의 주목을 받았죠. 김치와 함께 올리브기름, 콩과 콩 식품, 렌틸콩, 요구르트 등이 선정되었습니다. 식이섬유를 많이 함유하여 다이어트에도 효과가 있으며, 비타민 A, B, C가 풍부하고, 우리 몸에 유익한 유산균을 많이 가지고 있으며, 항암효과도 있다는 게 선정 이유였죠. 아울러 〈헬스〉지는 한국인이 사진을 찍을 때 '김치'라고 한다고 소개하며, 한국인의 남다른 김치 사랑을 전하기도 하였습니다. 2013년 전 세계가 사스의 공포에 떨 때에도 유독 한국만큼은 비교적 안전했던 이유로 언론에서 김치를 거론하면서, 새삼스럽게 김치 특수가 일어나기도 했습니다.

김치의 영양분에 대한 연구가 진행되면서 김치 안에 존재하는 여러 효능들이 과학적으로 속속 입증되고 있습니다. 지금까지 밝혀진 주요 효능[41]만 해도 항균작용, 다이어트 및 항암효과, 다량의 섬유질 및 각종 무기질과 비타민 함유 등 다양합니다. 특히 2012년에는 중앙대 연구진들이 김치에 존재하는 3,500여 가지의 유산균 중 133번째 유산균이 아토피 피부염에 효능이 있다는고 밝혔는데, 이 유

41. 김치박물관 홈페이지를 참고하였다(www.kimchimuseum.com).

산균의 이름은 '락토바실러스 플란타럼 CJLP133'으로 최근 이 유산 균을 이용한 여러 제품들이 개발되고 있습니다.

국가대표 슬로푸드 김치의 세계화를 꿈꾸며

다큐멘터리영화 《슈퍼 사이즈 미》를 보면, 맥도날드 메뉴만으로 삼시세끼를 때우는 동안 몸에 나타나게 된 심각한 변화가 가히 충격적입니다. 패스트푸드의 유해성을 몸으로 증명했다고 할까요? 3부를 시작하며 슬로푸드에 관해 이야기했지만, 슬로푸드는 단순히 패스트푸드가 해로우니 먹지 말자는 권고의 차원이 아닙니다. 표준화된 맛과 미각의 세계화에 적극 저항하고, 지역 특성에 맞는 전통적이고 다양한 식생활 문화를 추구하는 것이죠.

　김치야말로 우리나라의 대표적인 슬로푸드라고 할 수 있습니다. 김치는 입속으로 들어가기까지 오랜 시간을 기다려야 한다는 점에서도, 지속가능한 지역 경제를 추구한다는 점에서도 슬로푸드 운동의 정신에 꼭 맞는 음식이니까요. 우리 어머니들은 김장을 담글 때, 좋은 천일염은 신안에서, 육젓은 강경 시장에서, 고춧가루는 영양에서 등등 이런 식으로 전국 각지에서 나는 최고의 재료들만을 고르고 골라 정성을 다해 김장을 담갔습니다. 영양학적 가치를 뛰어넘어 지역 경제를 살림으로써 느리지만 더불어 사는 삶의 지혜를 보여주는 대표적인 음식이었죠.

하지만 최근에는 김치의 재료도 물 건너온 값싼 재료들에 우리 농수산물이 점점 더 밀려나는 모양새입니다. 과연 우리가 비판해 마지않는 패스트푸드와 무슨 차이가 있는지도 잘 모르겠습니다. 경제적 논리에 밀려서 슬로푸드는 오직 돈 있는 사람들의 전유물처럼 여겨지는 현실이 안타까울 뿐입니다.

보통의 한국인들은 여전히 김치를 먹지 않으면 밥을 제대로 먹지 않은 것 같다고 느낍니다. 특히 기름진 음식을 먹을 때면 어김없이 김치 생각이 간절하죠. 어르신들은 해외여행을 갔을 때 하루만 김치를 먹지 못해도 속이 느글느글함을 느끼는 경우가 대부분입니다. 그러나 요즘 아이들은 꼭 그렇지만은 않은 것 같습니다. 어릴 때부터 달고 기름진 음식에 길들여져서인지 김치의 참맛을 모르는 것 같아 안타깝습니다.

김치는 이미 세계적으로 그 우수성을 인정받고 있지만, 유명세만큼 세계화되지는 못하고 있습니다. 그 중요한 이유 중의 하나가 바로 마늘이나 파에서 나는 자극적인 냄새 때문이죠. 아울러 과도한 나트륨 섭취에 대한 경고도 김치를 멀리하는 이유 중 하나일 것입니다. 사실 우리나라 사람이라도 어릴 때부터 김치 맛에 익숙해지지 않으면 자칫 거부감이 들 수 있습니다. 특히나 단맛에 길들여진 아이라면 더욱 그렇죠. 유치원이나 초등학교에서 어린 아이들에게 김치를 먹이려고 실랑이를 하는 모습은 흔한 풍경이니까요. 하물며 태어나서 단 한 번도 김치를 경험해본 적 없는 외국인이라면 더 말할 것도 없겠죠.

온고지신(溫故知新)이라는 말이 있습니다. 옛 것을 익히고 새 것을 안다는 말이죠. 전통을 지키면서도 염분을 줄인 맛있는 김치를 만들 수 있도록 계속 연구해야 합니다. 다만 섣부른 김치 개량은 내 것도 아니고 남의 것도 아닌 국적 불명의 이상한 음식을 낳을 수 있습니다. 전통과 기본에 충실하면서 더 나은 발전을 추구해야 하는데, 이는 비단 김치에만 한정된 말은 아닐 것입니다.

세상 모든 것은 변합니다. 사람들의 입맛도 변하고, 음식에 대한 문화도 변화하죠. 그러나 지킬 만한 가치가 있는 것들은 변화의 흐름에 마냥 던져놓아서는 안 됩니다. 김치는 밥 중심의 우리 식생활에서 빠져서는 안 되는 먹거리입니다. 우리가 점점 김치를 먹지 않는다는 것은 한국식 밥상에서 멀어지고 있다는 뜻이기도 합니다. 익숙한 것이 문화가 되는 법입니다. 익숙하지 않으면 결국 잊히고 말죠. 우리의 소중한 문화유산인 김치가 잊혀 사라지지 않도록 우리 청소년들이 김치에 좀 더 애정 어린 시선을 가졌으면 좋겠습니다.

04
진국에 우러난 한국인의 소울, 뜨끈뜨끈 국물요리

여러분이 잘 쓰는 말 중에 '짤 없다'라는 말이 있습니다. '절대 봐줄 수 없다' 또는 '하는 수 없다'는 뜻이죠. 원래는 '알짤 없다'고 하다가 다시 '짤 없다'로 줄어들었습니다. '알짤'의 어원에 대해서는 분명하게 밝혀지지 않았지만, '일절(一切) 없다'는 데서 나온 말이라는 게 가장 신빙성이 있습니다. '일절'은 '전혀', '절대로' 등의 의미를 가진 표현입니다.[42]

국물도 없다

아이들은 또 자투리 이미지라는 뜻으로 '짤'이란 말을 쓰기도 합니

....
42. '일절'과 구분되어 쓰이는 말 중에 '일체'가 있는데, '일절'은 부인하거나 금지할 때 쓰는 말이고 '일체'는 전부를 나타내는 말이다.

다. 무섭게 쏟아지는 신조어들을 보고 있노라면, 요즘 사람들의 조어력에 새삼 놀라기도 하지만, 혹시 이러다가 기성세대에게 우리말이 거의 외계어로 느껴지지 않을까 하는 걱정도 듭니다. 어쩌면 머지않은 미래에는 노인들을 위한 '신세대말 교양강좌' 같은 것이 문화센터마다 생길지도 모르겠습니다.

서론이 너무 길어졌네요. 본론으로 돌아와서 진짜 '국물' 이야기를 해볼까요? 완전히 의미가 같지는 않지만 '짤 없다'와 비슷한 상황에서 '국물도 없다'는 표현을 쓰기도 합니다. 이때 국물은 어떤 일의 대가로 다소나마 생기는 부수입이나 이득을 속되게 이르는 말이죠. 그러니까 결국, '국물도 없다'는 것은 이득이 되는 일이 전혀 없다는 뜻이 됩니다.

국물이 이처럼 작고 사소한 대상으로 쓰였다는 건, 그만큼 흔하디흔한 것이라는 뜻입니다. 너무나 대수롭지 않은 것이기에 '국물'을 나눠주는 것은 너무나 당연한 일이었습니다. 남이 먹는 걸 보면서 혹시나 조금 얻어 먹어볼까 하고 쳐다보는데, 건더기는커녕 국물조차 남겨주지 않으면 얼마나 서운할까요? '국물도 없다'는 말에서 우리는 국물이 언제나 먹을 수 있고, 또 누구나 나눠 먹을 수 있는 음식이라는 사실을 짐작할 수 있습니다. 한국인의 밥상에는 언제나 국이 있었고, 식구가 많거나 건더기가 모자랄 때면 물을 더 많이 부어 국을 끓였죠. 그렇기 때문에 국은 누구와도 나눠 먹을 수 있고, 또 나눠 먹는 게 당연한 음식이었던 것입니다. 그러니 '국물도 없다'는 말은 참으로 매정한 말이 아닐 수 없습니다.

왜 유독 국물요리가 발달했을까?

좋은 생선이 생기면 중국인은 기름에 튀기고, 일본인은 회를 뜨고, 한국인은 탕을 끓인다는 말이 있습니다. 이미 옛말이기는 하지만, 그만큼 한국인이 국을 좋아하는 것을 보여주는 말입니다. 밥, 국, 김치는 우리 밥상의 기본 삼총사입니다. 혹시 3첩 반상, 12첩 반상이라는 말을 들어보았나요? 반찬의 가짓수에 따라 밥상을 구분한 것인데, 반찬의 가짓수에서 김치와 국은 제외합니다. 그만큼 우리 밥상에서 국은 김치와 더불어 당연한 존재가 아닌가 싶습니다. 지금도 국이 없으면 밥이 넘어가지 않는다고 하는 사람들도 있죠. 대체 우리나라에서는 왜 유난히 국물요리가 발달한 걸까요?

날씨가 조금이라도 서늘해지면 제일 먼저 찾게 되는 것이 바로 뜨끈한 국물입니다. 어른들은 전날 술이 과했거나 날이 엄청 추워지면 뜨거운 국물 한 그릇을 들이키며, "어, 시원하다!"라고 외쳐주어야 비로소 속이 풀리는 것을 느끼죠. 우리나라에서 라면이 유난히 많이 팔리는 것도 어떻게 보면 국물요리를 좋아하는 우리네 식습관과 잘 맞아 떨어졌기 때문이라고 하는 사람도 있습니다. 라면을 '삶는다'고 하지 않고 '끓인다'고 표현하는 것도 면보다는 국물을 중시하기 때문이라는 거죠.

우리나라에서 유독 국물요리가 발달한 이유를 두고 여러 설이 분분한데, 먹거리가 부족했기 때문이라는 게 가장 일반적인 설입니다. 국민 대다수가 농사를 짓고 살았던 시절, 가족의 수는 곧 노동력의 수였기 때문에 대가족을 이루고 사는 경우가 많았죠. 자연재해에 대한 철저한 대비도 없고, 농기계도 변변치 않았던 시절에는 농업의 생산성이 지금처럼 좋지 않았습니다. 식구는 많고 먹을 것은 늘 부족했을 것입니다. 이에 아녀자들은 적은 재료로 조금이라도 많은 양의 음식을 만들어야 했고, 다양한 종류의 국을 끓여서 식구들의 주린 배를 채웠죠.

그렇지만 먹을 것이 모자라서 국물요리가 발달했다고만 보는 건 무리가 있습니다. 어떤 문화적 전통이 그저 한 가지 이유에서만 생겨나는 경우는 드무니까요. 오히려 국을 쉽게 끓일 수 있는 환경이었기 때문이라고 보는 편이 더 타당합니다. 먹을 것이 부족했던 것이 필요조건이라면, 국을 쉽게 끓일 수 있는 환경은 충분조건이라고 할 수 있겠습니다.

우리나라는 지형적으로 화강암 지대가 많아서 물이 깨끗하고 강수량도 많아 식수가 풍부한 편이었습니다. 그 덕분에 요리에 물을 많이 활용할 수 있었죠. 한편으로 끓인 음식을 권장하는 한의학의 영향도 있었을 것이며, 냉장고가 없던 시절에 금세 상하기 쉬운 음식들을 탈 없이 먹으려면 온갖 요리를 팔팔 끓여야 했던 것도 이유가 될 수 있습니다. 음식을 팔팔 끓일 때, 그릇에 눌어붙지 않으려면 국물이 있어야 합니다. 그러다 보니 어떤 재료든 숭숭 썰어 넣고 팔팔 끓이기만 하면 되는 국물요리가 발전했을 것입니다.

한국인이 국을 많이 먹는 이유를 한국인의 주식인 밥에서 찾는 사람들도 있습니다. 밥은 전분이 많기 때문에 목이 메기 쉬운데, 이

끈기를 씻어내려면 국물이 필요합니다. 마른 반찬만 가지고 밥을 먹으면 잘 넘어가지 않기 때문이죠. 몸이 좋지 않아 유난히 밥이 깔깔하게 목에서 걸릴 때 국물이나 물에 말아서 훌훌 마시면 밥알을 넘기기가 한결 쉬운 것과 같은 이치입니다.

또한 우리나라의 온돌과 구들 문화가 국의 발달에 영향을 주었다는 견해도 있습니다. 난방을 위해서 아궁이에 불을 때는 것을 '군불'을 땐다고 하는데, '군불'을 때다 보면 가마솥에 무엇이라도 넣고 계속 끓여야 합니다. 구들장을 직접 데우기보다 가마솥에 무언가를 끓이면서 그 열기를 이용해 간접적으로 구들을 데우는 것이 좋기 때문이죠. 그러다 보니 물도 끓이고 국도 끓이고 한 게 아닐까요? 한식 요리 중에는 재료를 오랫동안 고아서 만드는 음식이 유난히 많은데, 구들장을 덥히면서 남아도는 불을 활용하기 위해 오랫동안 무엇인가를 끓여야 하다 보니 자연스럽게 국물요리가 발달했을 거라 짐작해봅니다.

내가 어릴 때만 해도 시골집에는 방방마다 불을 때는 아궁이가 있었는데, 부엌 아궁이 한쪽에서는 밥을 하고, 다른 쪽 아궁이에는 저녁 내내 돼지 뼈를 푹 고아낸 국물에 시래기를 넣어 가마솥 가득 국을 끓였죠. 어머니가 저녁을 준비하는 동안 뒤꼍으로 난 작은방 아궁이에서는 아버지께서 소한테 줄 여물[43]을 삶았습니다. 해질녘

....
43. 마소를 먹이기 위하여 말려서 썬 짚이나 마른풀을 '여물'이라 하는데, 소가 먹기 좋도록 물을 넣고 푹 끓여서 식힌 후 소에게 먹였다.

이면 집집마다 굴뚝 가득 연기를 내뿜는 풍경이 그렇게 아름다울 수 없었죠. 땔감의 종류에 따라 그 향도 제각각이었지만, 동네 가득 풍기는 나무 타는 냄새, 밥에서 갓 올라오는 김 냄새며, 온갖 국물들의 구수한 냄새가 온 동네를 가득 채웠던 기억이 납니다. 그 사이에 딸들은 걸레로 마룻바닥을 훔치고, 아들들은 커다란 대나무 빗자루로 마당을 쓸면서 모두가 분주하게 자신의 역할을 다 하고 난 뒤에 함께 둘러앉아 시래기 된장국에 호박잎쌈으로 오순도순 저녁을 먹었습니다.

아니 이게 무슨 호랑이 담배 피던 시절 이야기냐고요? 오해하지 말았으면 합니다. 21세기에 태어난 여러분에게는 전래동화에나 나올 법한 이야기처럼 들릴지도 모르지만, 1980년대 초반만 해도 적어도 농촌에서는 꽤 흔한 풍경이었으니까요. 지금은 달랑 3인 또는 4인 가족이 함께 저녁을 준비하기는커녕 밥 한 끼 같이 먹는 것조차 쉽지 않은 세상입니다.

국과 탕, 찌개의 차이점은 뭐지?

국이라고 하면 고기나 해물, 채소 등 어떤 재료든지 물을 넣어 끓인 것입니다. 한자어로는 국을 탕(湯)이라고 하지만, 우리는 국에 비해 재료를 더 오래 진하게 끓여낸 것을 탕이라고 구분하여 말하는 경우가 많죠. '미역국'이라고는 하지만, '미역탕'이라고는 하지 않고,

'갈비탕'이라고는 하지만 '갈빗국'이라고는 하지 않는 걸 보면 이해가 될 것입니다. 보통 국은 국물에 넣어서 끓인 재료를 그대로 먹지만, 탕은 '곰국'처럼 국물 맛을 내기 위한 용도로 뼈를 푹 고아낸 후 이를 건져내고 먹습니다.

찌개나 전골도 국의 한 종류입니다. 찌개는 국보다 건더기를 좀 많이 넣고 국물을 진하게 끓인 것이죠. 여기서 건더기가 더 많아지고 물의 양을 줄이면 전골이 된답니다. 대체로 전골은 국물에 조리되지 않은 생 재료를 넣어 바로 끓여먹는 것을 말합니다. 국물이 건더기보다 많으면 '국'과 '탕', 건더기가 국물보다 많으면 '찌개'와 '전골'이라고 생각하면 좀 구분이 쉬울 것입니다. 즉 건더기의 비율에 따라 달라진다고 보면 되죠.

그릇에 담아내는 방식에 있어서도 좀 차이가 있습니다. 국이나 탕은 개인용 그릇에 담아내지만, 찌개나 전골은 보통 냄비째 상에 올리고 각자 덜어서 먹습니다. 찌개의 경우에는 미리 끓여서 상에 올리는 것이고, 전골의 경우 주로 상에 올려서 끓이면서 먹는 음식입니다. 또 부엌에서 국물이 거의 없이 볶은 것을 담아 올리면 '볶음'이라 하고, 국물을 부어 자작하게 미리 끓여서 올리면 '조치' 또는 '찌개'라고 하죠.

물론 국이나 탕, 찌개나 전골의 쓰임이 위와 같이 확연히 구분되지 않는 경우도 많습니다. 왜냐하면 '어묵국'은 '어묵탕'이라고도 부르고, 부대찌개는 상 위에서 바로 끓여 먹어도 전골이 아닌 찌개라고 하니까요.

국을 더욱 건강하게 먹는 방법

오랫동안 한국인의 밥상과 함께해온 국. 그러나 최근에는 국물이 소화를 더디게 하고, 맵고 짠 국물이 위암 발병의 원인이라는 무시무시한 경고도 잇따르고 있습니다. 급기야 식품의약품안전청(식약청)에서는 매월 셋째 주 수요일을 '국 없는 날'로 지정해 국물 안 먹기 운동을 펼치기에 이르렀죠.

실제로 우리가 섭취하는 나트륨의 30% 이상을 국물을 통해 섭취한다고 하니 국물을 좀 줄이기는 줄여야 할 모양입니다. 국물요리에 나트륨이 많은 이유는 간을 맞추기 위해서 소금이나 된장, 간장 등의 장류를 넣기 때문이죠. 대부분의 국물은 뜨겁게 먹다 보니 나트륨 함량에 비해 짠맛을 덜 느끼는 것도 문제입니다.

우리나라 국물요리는 오랫동안 우려내어 끓이는 것이 많습니다. 잘 우려낸 진한 국물을 두고 '진국'이라 하여, 국물 중에서도 최고로 쳐주죠. 오죽하면 사람을 두고도 '진국'이라는 표현을 쓰니까요. 거짓 없이 참된 사람을 가리켜 흔히 진국이라고 합니다. 이 말은 진국이 영양가도 높을 것이라고 여겨서 생긴 말이지만, 정작 국물 자체에는 영양분이 많지 않다고 합니다.

어쨌든 여러모로 국물을 많이 먹는 게 좋지 않다고 하니 앞으로는 줄이긴 줄여야 하는데, 수천 년간 이어져 온 민족의 식습관을 하루아침에 바꾸기란 어려울 것입니다. 그렇다면 건강하게 국물요리 먹는 방법을 찾아야 합니다. 첫째, 국물을 적게 먹고 짜지 않게 먹도록 노력해야 합니다. 국물요리를 즐기는 사람들은 평소에 물을 적게 마시는 경향이 있는데, 물을 충분히 섭취하면 국물에 대한 욕구가 다소 줄어듭니다. 국그릇의 크기를 줄이는 방법도 있습니다. 그리고 건더기 위주로 먹으면서 국물은 남기는 것이 좋습니다.

둘째, 국물요리를 할 때 칼륨 성분을 추가하는 것입니다. 국 속의 나트륨이 혈압을 높이는 작용을 한다면 칼륨은 반대로 혈압을 낮추는 작용을 합니다. 따라서 칼륨이 들어가면 나트륨의 혈압상승 작용을 억제할 수 있습니다. 칼륨은 특히 아욱, 근대, 미나리, 부추, 쑥갓, 시금치 등 짙은 푸른색의 잎채소에 풍부하게 들어 있고 미역이나 단호박 등에도 많이 들어 있으므로 채소를 많이 넣은 국을 끓이면 좋습니다. 진한 국물보다 맑고 담백한 국물을 즐기는 것도 방법입니다.

요즘 청소년들은 '단짠단짠'아니면, '맵짭맵짭'이어야만 맛있다고 합니다. 국물도 '맵짭'에 고기가 잔뜩 들어가야만 좋아하죠. 특히 국물에 들어간 채소는 물컹한 식감 탓에 싫어하는 사람들이 많습니다. 그러나 국물에 들어 있는 채소야말로 현대인의 식습관에서 부족하기 쉬운 섬유소를 손쉽게 섭취할 수 있는 좋은 먹거리입니다. 여러분도 맑은 국과 채소 건더기가 듬뿍 들어있는 건강한 국물 맛에 익숙해지면 좋겠습니다.

최근에는 곰탕이나 설렁탕처럼 끓이는 데 시간이 많이 걸려 정성의 상징이 된 음식들을 상품화해서 파는 곳이 많습니다. 홈쇼핑 채널을 돌리다 보면 한두 군데에서는 꼭 비닐 팩에 담긴 국물요리를 광고하고 있죠. 돈 되는 것이면 무엇이든 해주는 세상이라 참 편하구나 싶기도 하지만, 하다못해 집에서 정성스럽게 끓여 먹던 국까지 상품이 되는 걸 보며, 혹시나 다른 첨가물 없이 전통의 방식으로 잘 만들어지고 있기는 한 건지 걱정이 되기도 합니다. 추운 날씨에 뜨끈한 구들장을 끼고 앉아서 먹던 어머니가 끓여주신 정성이 가득 담긴 시래기 된장국 한 그릇이 문득 생각나네요.

우리 국에 얽힌 이야기

오랜 시간 우리 민족의 사랑을 받아온 국. 그만큼 국의 종류도 참으로 다양합니다. 그래서 여러분에게 다양한 우리의 국물요리를 소개하고, 그에 얽힌 재미있는 이야기도 함께 소개하려고 합니다.

외식 메뉴 1호 장국밥

사극을 보면, 괴나리봇짐을 진 과객이 주막에 들러 이렇게 외칩니다. "주모, 여기 국밥 한 그릇 말아 주쇼!" 그러면 주모는 커다란 가마솥을 열어 뜨거운 김이 모락모락 나는 국밥 한 그릇을 퍼주며 걸쭉한 입담으로 과객과 농을 주고받습니다. 나그네들이 사 먹는 음식은 늘 국밥인 것만 봐도 국밥이야말로 우리나라 외식 메뉴 1호가 아닐까요? 물론 역사적으로 보면 주막집에서 국밥을 팔게 된 것은 조선 후기부터 시작된 것이라고 하지만 말이죠.

당시에 주막에서 팔았던 국밥은 거의 장국밥입니다. 원래 장국은 기름진 고기를 장에 조려서 그 장물을 밥 위에 붓는 것을 말하지만, 밥을 만 음식을 아울러서 탕반 또는 장국밥이라고도 합니다. 그렇기 때문에 장국밥은 고기로 끓인 설렁탕, 곰탕, 육개장 등의 국에 밥을 말아 먹는 것을 포괄한다고 봐도 무방하죠.

우리 민족은 예로부터 전쟁터나 노역장 또는 각종 행사 때면 많은 사람들에게 먹이기 위한 음식으로 국밥을 애용했습니다. 개화기에 접어들면서는 외식이나 단체 급식용 일품요리가 필요해지면서 장국집이 많이 생겨났습니다. 그러니 장국밥은 대표적인 단체급식용 메뉴인 셈이죠. 장국밥을 파는 '탕반가'의 출입구에는 둥근 종이통에 하얀 종이 술을 붙여서 장대 끝에 매달아 놓았다고 해요. 가장 유명한 탕반집으로 '무교탕반'이라는 곳이 있었는데, 이곳은 헌종(1834~1849)도 사복을 입고 찾아올 정도로 유명했다고 합니다.

한국식 슬로우 & 패스트푸드, 설렁탕

현진건의 단편소설 〈운수좋은 날〉의 결말에 이런 내용이 나옵니다.

> "이 눈깔! 이 눈깔! 왜 나를 바루 보지 못하고 천정만 바라보느냐, 응?" 하는 말끝엔 목이 메이었다. 그러자 산 사람의 눈에서 떨어진 닭똥 같은 눈물이 죽은 이의 뻣뻣한 얼굴을 어룽어룽 적시었다. 문득 김 첨지는 미친 듯이 제 얼굴을 죽은 이의 얼굴에 한데 비벼대며 중얼거렸다.

"설렁탕을 사다 놓았는데 왜 먹지를 못하니, 왜 먹지를 못하니······. 괴상하게도 오늘은 운수가 좋더니만······."

인력거꾼 김 첨지의 병든 아내는 일을 나가는 남편에게 '설렁탕' 한 그릇을 먹고 싶다고 말하지만, 몇 푼 안 되는 설렁탕 한 그릇조차 사줄 처지가 되지 않았던 김 첨지는 괜스레 아내를 타박하며 집을 나섭니다. 그런데 그날따라 이상하게도 운이 좋아서 인력거를 찾는 손님이 많았습니다. 몰려드는 손님에 밤늦게서야 겨우 일을 마친 김 첨지는 아내에게 줄 설렁탕 한 그릇을 사 들고 집으로 가지만, 아내는 이미 세상을 뜨고 난 뒤였죠. 소원하던 설렁탕 한 그릇을 못 먹고 죽은 김 첨지의 아내를 보면서 독자들은 일제강점기 가난에 찌든 하층민의 삶에 눈물짓게 됩니다. 만약 그 음식이 소박한 설렁탕이 아니라 비싸고 쉽게 접할 수 없는 음식이었다면 아마 소설의 감동이 훨씬 덜했을 것입니다.

설렁탕은 다양한 고기 부위를 활용하여 대량으로 오래 끓여야 맛이 나는 음식이다 보니, 예로부터 가정집에서 끓이기보다는 전문점에서 사 먹는 경우가 많았습니다. 그러나 소를 도축하고 남은 부산물로 끓여서 값싼 뚝배기에 담아낸 설렁탕은 점잖은 양반들이 먹기에는 영 체통에 어울리지 않는 음식으로 인식되었죠. 양반 노릇깨나 하면서 체면을 내세우던 이들이 식당에 와서 싸구려로 인식되는 음식을 사 먹기는 부담스러웠던 모양입니다. 1931년에 발표된 염상섭의 소설 〈삼대〉에 보면 부잣집 도령인 덕기가 설렁탕을 먹고 있는 모습을 보고 누가 아는 체를 하면서, "저런, 설렁탕을 어떻게 자셨소?"라고 놀라는 장면이 나옵니다. 당시에 설렁탕이 어떤 대접을 받았는지 대충 짐작할 수 있죠.

그러다 보니 굳이 나가서 체면을 구기지 않으면서도 값싸고 맛있는 설렁탕을 먹고자 하는 이들을 위해 설렁탕 배달이 유행하게 됩니다. 우리나라에서 특히 배달 음식이 발달하게 된 이유 중 하나가 바로 '체면' 때문이 아닌가 싶습니다. 양반 체면에 남들 보는 데서 게걸스럽게 먹는 모습을 보일 수야 없었을 테니 말이죠. 여기에 밥하기 귀찮아하는 젊은 사람들까지 가세해 간편하게 배달해 먹을 수 있는 설렁탕을 선호하였다고 합니다.

덕분에 설렁탕은 우리나라의 대표 패스트푸드이자 요즘으로 치면 짜장면처럼 배달 음식의 대표주자가 되었습니다. 설렁탕은 커다란 가마솥에서 늘 끓고 있으니 주문하자마자 바로 퍼 담아 주면 되었죠. 비록 끓이는 데는 오래 걸리지만, 끓인 뒤에는 바로 퍼줄 수 있으니 슬로우하면서도 패스트한 푸드입니다. 한국식 슬로우&패스트푸드인 셈이죠.

당시에 설렁탕이 저렴한 가격에 판매될 수 있었던 이유는 1900년대 이후 일제의 전쟁물품 조달을 위한 소고기 공수 작전 때문이라고 합니다. 일본으로 살코기를 보내기 위해 대대적인 소 도축이 이루어지면서 남은 부산물을 이용한 설렁탕집이 도처에 생겨난 거죠. 여기에 일본에서 건너온 MSG(조미료)의 원조, '아지노모토'의 인기도 설렁탕 값을 낮추는 데에 일조했습니다. 안 그래도 고기 우리나라 국물요리의 대표주자는 곰탕과 설렁탕이다. 그런데 정작 곰탕과 설렁탕의 차이를 잘 모르는 사람이 많다. 사실 요즘에는 그 차이가 점점 없어지고 있으며 구분 또한 명확하지는 않다. 이참에 곰탕과 설렁탕이 어떻게 다른지 알아보자.

곰탕과 설렁탕은 사용하는 고기 부위와 간을 맞추는 방법에서 차이가 있다. 설렁탕은 사골과 도가니, 양지머리 또는 사태를 넣고, 우설(牛舌), 허파, 지라 등과 잡육을 뼈째 모두 한 솥에 넣고 끓이는 반면에 곰탕은 소의 내장 중 곱창, 양, 곤자소니 등을 많이 넣고 끓인다. 그래서 설렁탕은 뼈를 많이 넣어서 뽀얗고, 곰탕은 내장이나 고기가 많다 보니 좀 더 맑은 국이 나온다. 쉽게 말해 설렁탕은 뼛국물이고 곰탕은 고깃국물이다. 그런데 고기가 귀하던 시절과 달리, 고기가 흔해지면서 설렁탕에 잡내가 나는 잡뼈나 잡육 대신에 양지머리를 많이 쓰게 되니, 곰탕과 설렁탕의 차이가 점점 모호해진 것이다.

또 어떤 사람들은 곰탕과 사골국을 혼동하기도 한다. 오히려 사골국은 설렁탕과 더 비슷하다. 뼈만 푹 우린 게 사골국이고, 고기나 면을 같이 넣어서 먹는 것이 설렁탕이다. 사골국은 국물만 먹기도 하지만, 다른 국물요리의 육수로 쓰이기도 한다.

가 부족한 시절인데, 조미료를 넣으면 고기를 조금만 넣어도 제 맛을 낼 수 있었으니 문화적 충격과 함께 가히 그 인기를 짐작할 만합니다. 맛도 맛이지만, 언제나 손쉽게 주문해서 먹을 수 있으며, 가격마저 착한 설렁탕은 값싸고 영양 풍부한 길거리 서민음식이자, 1930년대 최고의 배달 음식으로 자리 잡았습니다. 우리 민족의 가난한 시절을 고스란히 담고 있는 설렁탕은 우리 민족의 슬픈 역사도 함께 깊이 우려낸 음식이 아닐까요?

초상집의 단골메뉴 육개장

설렁탕에 이어 우리나라의 대표적인 또 다른 국물요리를 소개하려 합니다. 영화 〈식객〉을 보면, 조선시대 왕의 밥상을 책임졌던 궁중 요리사 대령숙수의 적통을 찾기 위한 과제로 구한말 대령숙수가 순종 임금에게 바쳤던 음식을 재현하는 장면이 나옵니다. 대령숙수가 올린 음식을 먹고 순종이 눈물을 흘렸는데, 그 음식이 무엇인지를 재현해내라는 것이 과제였습니다. 그 음식이 '소고기탕'의 일종이라는 것만 아는 상태에서 주인공 성찬은 붉은 육개장을, 라이벌 오봉주는 맑은 쇠고기장국을 끓여내죠.

심사위원은 성찬의 육개장을 맛보고 나서, 조선의 혼이 담긴 음식이라며 치켜세웁니다. "육개장에 들어가는 소는 묵묵히 밭을 가는 조선의 민초요, 어떤 병충해도 이겨내는 토란대는 외세에 굴하지 않는 정신이요, 고추기름은 맵고 강한 조선인의 기개이며, 고사리는 들풀처럼 번지는 조선의 생명력입니다. 끝나지 않을 조선의 마음을 음식에 담아낸 대령숙수의 마음을 읽어내고 순종 임금은 눈물지은 것입니다."

꿈보다 기막힌 해몽인지는 모르겠으나, 육개장 역시 우리 민족의 삶과 밀접한 관계가 있는 음식입니다. 소는 농경사회에서 가장 귀한 존재였기 때문에 소를 함부로 잡아먹을 수 없었던 우리 민족에게 가장 중요한 단백질 공급원 중 하나가 '개장국'이었죠. 궁궐이나 양반집에서는 소고기를 넣어 끓여 먹었으나, 민간에서는 개고기를 넣어서 먹을 수밖에 없었습니다. 점차 형편이 나아지면서 민간에서도 개고기 대신 소고기를 넣다 보니 '육개장'이 된 것입니다. 이 내막을 모르는 이들은 '육계장'이라고 잘못 쓰는 경우가 많죠.

현재 육개장은 일상적인 보양식 또는 문상객을 위한 접대 음식으로 자리 잡았습니다. 상갓집에서 육개장을 대접하는 이유는 여러 가지가 있지만, 육개장의 붉은 색이 상갓집 근처에 모여 드는 온갖 잡귀로부터 문상객을 보호해주기 때문이라는 설이 가장 그럴 듯합니다.

또한 육개장에는 단백질과 각종 비타민, 미네랄 등이 함유되어 있고 매콤한 고추기름은 지친 심신을 풀어주므로 훌륭한 보양식입니다. 상갓집에 찾아와 고생하는 문상객을 위한 상주의 따뜻한 배려가 담긴 음식이라고도 할 수 있습니다.

이름만 들어도 구수한 청국장

마지막으로 하나 더 소개하고 싶은 국물요리가 있으니, 바로 청국장입니다. 영화 〈안시성〉에서 연개소문이 보낸 태학도 사물이 주인공 양만춘과 처음 만나는 장면에서 청국장이 등장합니다. 처음 만난 사물 일행이 첩자인지 아닌지 알아보려고 양만춘의 부하인 추수지가 상대의 말안장 밑을 확인하는 장면이 나왔죠. 기마 민족인 고구려인은 먼 길을 다닐 때면 삶은 콩을 말안장 밑에 넣어가지고 다니면서 먹었는데, 말의 체온 때문에 발효가 된 콩에서는 특유의 냄새가 났습니다. 그런데 그 냄새가 나지 않자 상대가 첩자임을 알아낸 거죠. 청국장의 유래에 대한 여러 이야기들 중에서 고구려인들이 전쟁 식량으로 먹은 삶은 콩에서 유래되었다는 것을 근거로 만든 장면입니다.

고구려인들은 말안장 밑에 삶은 콩을 넣어두고 전쟁 때 식량으로 활용했는데, 말과 사람의 체온으로 인해 삶은 콩이 자연 발효되는 경우가 많았다고 합니다. 처음에는 상한 줄 알고 버렸지만, 자꾸 버리는 게 아까워서 먹어보니 먹을 만했고 오히려 속도 편했던 거죠. 그 후로 일부러 콩을 발효시켜 먹었는데 이것이 청국장의 유래라고 합니다.

청국장의 유래를 청나라에서 들어온 것으로 보는 견해도 있습니다. 즉 '청나라에서 들어온 장'이라서 청국장이라는 거죠. 청국장이라는 명칭이 처음 소개된 책이 병자호란 이후 지어진 《증보산림경제》이다 보니 그렇게 여길 법도 합니다.

보통 여섯 달 이상 걸리는 일반 된장과 달리 청국장은 2~3일이면 먹을 수 있는 단기 숙성 음식입니다. 전쟁 중에도 급히 만들어 먹을 수 있다는 뜻에서 '전국장'이라고도 불렀습니다. 청국장의 원료가 되는 대두의 원산지가 만주를 포함한 한반도 일대였기 때문에 우리 민족은 오래전부터 다양한 형태로 콩을 먹었습니다. 청국장은 된장과 더불어 콩을 활용한 요리의 진수라고 할 수 있죠.

특유의 냄새 때문에 호불호가 좀 갈리기는 하지만, 청국장의 영양학적 우수성에 대해서는 이견이 없습니다. 특히 소화 흡수율이 높고, 나토키나제라는 혈전용해제가 들어 있어서 혈관 건강에 좋고, 뇌졸중이나 중풍의 치료 및 예방, 치매 예방 효과도 있다고 합니다. 콩에 든 사포닌이란 성분이 암을 억제하는 기능이 있어, 청국장은 대표적인 항암식품으로 꼽히기도 합니다. 그 덕분에 세계적으로도 청국장에 대한 관심도가 높아지고 있지만, 여전히 외국인들이 한국 여행을 왔을 때 무슨 미션 수행하듯이 도전해보는 음식 중의 하나가 청국장입니다. 맛과 효능보다는 그 특유의 냄새가 더 강렬한 인상을 주고 있기 때문일 것입니다.

청국장의 주재료인 '대두'는 원래 우리나라와 만주 일원이 원산지였으나, 최근에는 수입산 대두에 크게 의존하고 있습니다. 옛날에는 집집마다 논두렁에 심어두고 일상적으로 먹던 콩이건만, 논농사의 감소와 함께 우리 곁에서 점점 사라져가고 있어 안타깝습니다. 현재 우리나라의 콩 자급률은 10% 이내이며, 전 세계에서 생산되는 대두의 78%가 유전자변형식품, 즉 GMO라고 합니다. 1부에서 생물의 다양성을 저해하는 현대 농업에 관해 이야기하며 대규모화에 따른 품종 개량의 문제점을 지적하기도 했는데, 콩 또한 이미 심각한 수준임을 알 수 있습니다.

05

사계절의 자연을 담아낸 맑고 건강한 맛, 우리 음료

인체의 70%는 물입니다. 인간은 한 달쯤 음식 섭취를 못해도 살 수 있지만, 물은 단 3일만 못 마셔도 생존에 지장이 있다고 합니다. 그만큼 중요한 것이 물이고, 음료를 마시는 이유도 처음에는 갈증 해소를 위해서였을 것입니다.

순수한 물을 마실 수 없다면…

사실 오직 수분을 보충한다거나 갈증을 해소하기 위해서 뭔가를 마시는 것이라면 뭐니 뭐니 해도 가장 좋은 음료는 다른 아무것도 섞지 않은 순수한 물이라고 할 수 있습니다. 황태영의 책 《진작 알았다면 결코 마시지 않았을 음료의 불편한 진실》에 보면 이런 구절이 있습니다.

물은 인체가 원하는 최상의 음료다. 사람들은 무엇을 먹는지에는 그토록 신경을 쓰면서 무엇을 마시는지에는 왜 그토록 관대한가? 먹는 것을 바꾸는 것보다 마시는 것을 바꾸는 것이 훨씬 간단한 일인데 말이다. 건강을 지키겠답시고 밥상을 다시 차리기 전에, 음료를 습관적으로 찾는 당신의 입맛부터 바로잡도록 하자.

실제로 대부분의 시판 음료들은 상품화하는 과정에서 다양한 식품 첨가물이 들어갑니다. 건강을 위해서 뭔가 마신다면 시판 음료가 아니라 직접 만든 음료를 마시고, 그것이 어렵다면 차라리 물을 마시라는 게 저자의 주장이죠. 전적으로 맞는 말입니다.

인간은 물만 먹고 살 수 없다

물이 제일 좋다는 건 알지만, 우리는 물만 마시고 살 순 없습니다. 음료는 단순히 수분 보충용으로만 마시는 게 아니기 때문이죠. 이러한 음료들은 사교의 중요한 수단으로 사용되기도 합니다. 예컨대 손님이 와서 어색할 때면 찻물을 끓이고, 차를 우려내어 마심으로써 분위기를 전환할 수 있습니다. 소개팅에서도 앞에 음료 한 잔이 놓여 있으면 어쩐지 안심이 되죠.

여러 사람이 모인 자리에도 음료는 반드시 필요합니다. 자유로운 토론과 문화 교류의 장으로서 유럽의 정신문화를 업그레이드시킨

17세기 영국의 커피하우스나 프랑스의 살롱, 19세기 카페 등이 음료를 통한 사교 행위의 대표적인 사례들입니다. 모여서 술을 마시고 흥청망청하던 유럽인들에게 커피와 차는 문화적으로 혁명적 변화를 가져다주었죠. 살롱이나 커피하우스에서는 향기로운 차 한 잔을 나누면서 수많은 시인, 화가, 철학자들이 자신의 생각을 이야기하고 자유롭게 토론하면서 예술적 영감을 얻었고, 그 과정에서 유럽의 철학과 문학과 예술이 크게 발전했습니다. 그리고 이러한 문화는 19세기 프랑스의 카페 문화로 자연스럽게 이어졌죠.

대표적 음료인 차는 진지한 사색이나 정신수양의 수단이 되기도 했습니다. 불교에서는 특히 '다선일체(茶禪一體)'라 하여 차 마시는 일을 수행의 한 가지 방법으로 보았죠. 소설가 한승원은 《차 한 잔의 깨달음》이라는 산문집에서, "차, 그것은 선(禪)[44]의 또 다른 이름이다."라는 말로 설명하기도 했습니다.

음료는 또한 기호식품의 하나로서 전 세계의 문화 다양성과 문화적 기호를 보여줍니다. 중국인들은 물 대신에 일상적으로 차를 마시고, 영국인은 홍차를 즐기죠. 한때 이슬람의 음료라 하여 배척당하던 커피는 유럽을 거쳐 이제는 전 세계를 정복하고 있습니다. 같은 커피라도 이탈리아인은 진한 에스프레소를, 미국인은 물을 섞어 연하게 마시는 '아메리카노'를 좋아합니다. 이 대목에서 한국인

---

44. 선(禪): (불교)마음을 한곳에 모아 고요히 생각하는 일. 참선(參禪)을 통해 스스로 본성을 규명하고 깨달음의 경지에 이르고자 하는 불교의 종파를 선종(禪宗)이라 한다. 중국에는 양나라 때 달마대사가 전하였다.

의 대표 음료는 무엇이냐고 누군가 묻는다면 뭐라고 답하면 좋을까요? 우스갯소리지만, 요즘엔 '믹스 커피'라고 대답해야 할 판입니다. 이참에 건강과 다양성의 측면에서 우리의 전통 음료문화를 되돌아보고, 그 가치를 되새겨봅시다.

몸속부터 차오르는 진짜 갈증 해소

요즘 청소년들이 가장 즐겨 마시는 음료는 뭐니 뭐니 해도 앞서 이야기한 콜라일 것입니다. 어릴 때는 엄마가 마시지 못하게 하면서 사주지 않아서 참았지만, 직접 음료를 사 먹을 수 있게 되는 순간부터 마치 봇물 터지듯 그간 못 마신 한풀이라도 하듯 콜라를 마셔대죠.

"콜라는 설탕 덩어리야! 정크푸드라고!" 아무리 귀가 따갑게 말해 줘도 아이들의 콜라 사랑은 말릴 수 없습니다. 단맛에 한번 길들여지면 더욱더 단맛을 갈구하니까요. 특히 더운 여름이 되면 콜라나 사이다 같은 탄산음료를 입에 달고 살죠. 그러나 앞서도 이야기했지만, 이런 음료들은 반짝 쾌감을 안겨줄 뿐, 근본적인 갈증을 해소해줄 수 없습니다. 단맛으로 잠깐 우리 뇌를 속일 뿐이죠.

몇 년 전인가, 타이완의 한 30대 남성이 콜라를 마시고 응급실에 실려 갔다는 뉴스를 본 적이 있습니다. 운동을 하고 더위를 식히려고 콜라 몇 캔을 들이킨 그 남성은 단 음식까지 먹고 잠들어버렸는데, 3시간 뒤 응급실에 실려 가고 말았습니다. 보도에 의하면 짧은 시간 내에 단 음료수를 너무 많이 마시는 바람에 인슐린이 대량 분비되어 혈액 속의 칼륨 이온이 세포 내로 들어가 저칼륨혈증을 유발해 부정맥이 왔다는 것입니다. 저칼륨혈증은 혈액 검사에서 혈청 칼륨 농도가 정상치인 3.5~5.5mmol/L 미만인 경우를 말하는데, 병원에 실려 올 당시 이 남성의 혈액 내 칼륨 농도는 불과 1.5mmol/L였다고 합니다.

이처럼 갈증이 심한 상태에서 당분이 많은 탄산음료를 마시면 체내 혈당을 높이고 체내 삼투압을 증가시켜 자칫 우리 몸에 무리를 줄 수 있습니다. 더욱이 탄산음료의 카페인 성분도 이뇨 작용을 촉진해 몸속 수분을 배출시키므로, 결과적으로 탄산음료를 마시면 마실수록 더욱 갈증만 부추길 뿐입니다.

갈증을 해소하고, 기름진 것을 먹은 후에 입안을 개운하게 하는 것 그리고 더부룩한 속을 달래는 것, 그것이 우리가 음료를 찾는 이유일 것입니다. 물이 가장 좋지만, 맛있는 것을 원하는 것은 인지상정! 그렇다면 이제 탄산음료 대신에 몸에도 좋고, 효과도 확실한 우리의 전통 음료를 마셔보면 어떨까요?

술과 차를 제외한 음료, 음청류

사극을 보면 산길을 가던 나그네가 몸을 숙여 계곡물을 거리낌 없이 마시는 장면이 종종 나옵니다. 때론 마을을 지나던 과객이 우물가에서 물 긷는 여인에게 물 한 바가지를 청하는 장면도 나오죠. 그러면 물 긷던 여인은 바가지 가득 우물물을 떠주며, 그 위에 버드나무 이파리 몇 개를 동동 띄워주는 센스를 발휘합니다. 물도 급히 마시면 체한다며 말이죠.

우리나라는 지리적으로 산이 많고 화강암이 많아서 맑은 물이 많다 보니 생수를 그냥 마셔도 별 탈이 나지 않았습니다. 이웃 나라인 중국만 해도 우리와는 사정이 달랐죠. 오래전부터 차(茶)가 대중화되고, 뜨거운 음료를 주로 마셨던 건 사실 수질이 좋지 않았기 때문이라고 합니다. 여기에 비해 우리나라는 상대적으로 차를 덜 마셨습니다. 찻잎을 구하기 쉽지 않았던 까닭도 있었지만, 굳이 차를 마시지 않아도 별로 아쉬울 게 없다는 게 주된 이유일 것입니다. 그래서 차 문화는 주로 승려나 귀족층을 중심으로 형성되었고, 서민들은 물과 함께 일상에서 손쉽게 구할 수 있는 다양한 재료를 활용해서 만든 음료를 즐겨 마셨습니다. 사계절이 분명하다 보니 계절에 따라 그 재료도 다양했죠.

우리의 전통 음료에서 술과 차를 제외한 음료를 '음청류'라고 합니다. 원래 '차'는 차나무의 잎을 우려먹는 것을 말하는데, 차나무가 아닌 여러 가지 대용차들이 나오면서 따뜻하게 마시는 음료를 아울러 차라고 했습니다. '음청류'는 주로 시원하게 마시는 음료를 말합니다. 우리나라의 음청류 중 가장 대중적인 것은 여러분도 잘 아는 식혜와 수정과 그리고 화채입니다. 식혜와 수정과가 겨울에 주로 마신 음료라면 봄부터 가을까지는 주로 화채를 마셨죠. 특히 더운 여름에는 물에 온갖 과일을 더한 화채(花菜)가 여름의 갈증을 시원하게 풀어주었습니다. 또한 밥이 주식이다 보니 밥을 활용한 음료도 다양하게 발달하였습니다.

우리나라를 대표하는 전통 음료들

이제부터 본격적으로 맛도 좋고 갈증도 시원하게 풀어주는 우리나라의 전통 음료들을 살펴볼까요? 우리네 음료에는 사계절의 자연이 고스란히 담겨 있습니다.

이름마저 예쁜 화채

어린 시절, 더운 여름이면 어머니가 시원한 수박으로 화채를 만들어주셨습니다. 수박을 반으로 가르고 수박 속을 파내 그 껍질에 사이다를 붓고 파낸 수박 속을 넣고 얼음을 띄워 먹었던 수박화채. 엄마가 수박 속을 파내는 동안 다른 가족들이 옹기종기 모여 다들 숟가락 하나씩 들고 수박을 사이에 두고 둘러앉아 있으면 어느새 입안 가득 침이 고였죠. 여름 별미 중의 별미였습니다.

여러분도 화채라고 하면 가장 먼저 떠오르는 게 바로 이 수박화채일 것입니다. 그러나 조선시대만 해도 수박은 아무나 먹을 수 있는 과일이 아니었다고 합니다. 한때는 수박 한 통의 값이 쌀 다섯 말에 달했고, 성군으로 소문난 세종대왕조차 수박 한 통을 훔친 사람에게 곤장 100대를 치라고 명했다는 기록이 남아 있을 정도이니 수박이 얼마나 귀한 과일이었는지 짐작할 수 있습니다. 수박이 본래 덥고 습한 지역에서 잘 자라는 과일인 만큼 쉽게 재배하기 어려웠기 때문이죠. 따라서 수박화채가 일반화된 것은 그렇게 오래된 일이 아닙니다.

우리나라의 전통적인 화채는 수박화채가 아니라 설탕을 탄 오미자물이나 꿀물에 과일·꽃잎 등을 넣고 잣을 띄운 음료입니다. 화채는 건더기를 무엇으로 하느냐에 따라 이름이 달라집니다. 봄에 나는 앵두를 쓰면 앵두화채, 진달래를 띄우면 진달래화채, 복숭아를 넣으면 복숭아화채 등등 이런 식이죠. 계절마다 흔히 볼 수 있는 다양한 과일이나 꽃이 화채의 재료가 된 셈입니다.

화채는 신맛이 나는 오미자물을 주로 하는 것과 달콤한 꿀물을 주로 하는 것으로 크게 나눌 수 있습니다. 물이 새콤하면 진달래꽃잎, 배 등 시지 않은 건더기를 쓰고, 단맛이 강할 때에는 신맛이 나는 과일을 건더기로 쓴답니다. 요즘에는 물 대신에 사이다와 같은 탄산음료를 섞어서 만들기도 하지만, 전통적인 방식과는 거리가 멀죠. 발그레한 오미자물의 색감에 알록달록한 과일의 색이 어우러져 입과 눈이 함께 즐거운 음료가 바로 화채입니다.

화채의 주 재료인 오미자는 껍질에는 신맛, 과육에는 단맛, 씨에는 맵고 쓴 맛이 나며 전체적으로는 짠 맛이 난다고 해요. 다섯 가지 맛을 다 느낄 수 있다고 하여 오미자라고 불렀습니다. 음료로 먹을 때는 열매를 이용하기 때문에 시고 단 맛이 주가 됩니다. 오미자에는 단백질, 칼슘, 인, 철 등 다양한 영양소가 함유되어 있고, 비타민과 사과산, 주석산 등의 유기산도 오렌지보다 4배 더 많아 신진대사를 원활하게 해주고 피로를 풀어준다고 합니다. 아울러 뇌의 단백질 함량을 높여주어 기억력을 증진시키고 집중력을 향상시켜주는 효과도 있으며, 스트레스를 감소시켜주고 뇌파를 자극해 졸음을 달아나게 하므로 공부하는 학생들에게 특히 좋다고 합니다. 기침과 가래를 가라앉히는 효과도 있으므로 날씨가 추워질 때에 마시면 감기를 예방할 수도 있다니 참으로 용한 음료입니다. 별도의 건더기를 넣지 않고 오미자차로 따로 마시는 것도 좋습니다. 이제는 수박화채가 화채의 대명사가 되어버렸지만, 이참에 오미자를 활용한 전통 화채의 맛과 멋을 찾아서 즐겨보면 좋겠습니다.

알싸한 계피향이 감도는 수정과

한정식 집에 가면 후식으로 수정과가 자주 나옵니다. 수정과는 계피와 생강의 알싸한 향과 꿀물의 달콤함이 입안 가득 퍼지면서 정신을 맑게 해주죠. 무더운 여름, 살얼음이 살짝 띄워진 수정과 한 잔이면 더위에 지친 마음까지 다스려지는 것 같습니다. 계피와 생강의 싸한 맛이 목을 적시고 나면 입안에서 씹히는 남은 곶감과 잣 알갱이의 맛도 일품이죠.

우리에게 익숙한 수정과는 생강과 계피를 달인 물에 곶감이나 잣을 넣은 음료인데, 19세기에 쓰인 《시의전서》라는 책을 보면 원래는 건시수정과(곶감수정과)와 수단, 화채, 식혜 등을 모두 포함해 '수정과'라 하였다고 합니다.

그럼 수정과라는 이름은 수정처럼 맑은 음료라서 붙여진 걸까요? 그게 아니라 국물이 있는 정과(正果)라서 수정과입니다. 과일 등을 꿀이나 설탕에 절인 것을 '정과'라고 하는데, 정과는 차와 함께 먹는 음식이었습니다. 고려시대 차 문화의 발달로 '정과'도 발달했죠. 이 '정과'를 음료에 띄워 마시면서, 국물이 있는 정과라고 하여 수정과라고 하였습니다. 후대로 오면서는 지금 우리가 알고 있는 계피와 생강을 달인 것이 대표적인 수정과가 되었고요.

지금은 계절에 관계없이 마시지만, 가장 일반적인 수정과인 건시 수정과는 겨울에 먹는 음료였습니다. 설날에 주로 만들어 먹었기 때문에, 정초에 손님들에게는 수정과를 대접했죠. 조선시대에는 여러 왕에게 사랑받는 음료였으며, 궁에 손님이 왔을 때에도 이 수정과를 대접했다고 합니다. 오늘날 우리가 먹는 한정식이 궁중음식을 기반으로 하여 개발된 것이므로, 후식으로 수정과가 나오는 것도 아마 그런 맥락일 것입니다.

수정과의 주재료인 계피는 성질이 따뜻해 혈액순환에 도움을 주므로 손발이 찬 사람에게 좋습니다. 또한 계피의 칼륨성분은 콜레스테롤 제거에 효과적이어서 기름진 음식을 먹은 후에 마시면 속이 개운해지고 소화도 잘 되죠. 생강은 소화 흡수와 위궤양 예방, 항암 효과가 뛰어나며, 고명으로 올리는 잣은 철분 함량이 높아 빈혈 예방에 좋습니다. 여기에 비타민C가 풍부한 곶감을 띄워 먹으면 감기 예방과 면역력 향상에도 그만이죠.

이게 밥이야, 음료야?

지금까지는 주로 과일을 재료로 만든 우리의 전통 음료들을 중심으로 살펴보았습니다. 그런데 우리 민족의 주식이 뭘까요? 그렇습니다. 바로 밥이죠. 그래서인지 주식인 밥으로 만든 음료도 참으로 다양합니다. 그래서 특별히 밥으로 만든 음료들에 대해 몇 가지만 더 살펴보려 합니다.

전통 음료의 대표 주자, 식혜

쌀로 만든 음료의 대표 주자는 식혜입니다. 전통 음료 중 우리에게 가장 친숙한 것 또한 식혜일 것입니다. 다시 한 번 어린 시절의 기억을 소환해보면 설 무렵이면 항상 어머니가 식혜를 만들어주셨죠. 따뜻한 아랫목에서는 이불을 뒤집어쓴 항아리 속에서 식혜가 익고 있었습니다. 엿기름 거른 물을 밥에 넣고 그렇게 반나절 가까이 삭히는 동안은 어찌나 시간이 더디 가던지. 손대지 말라는 어머니의 말씀을 나 몰라라 하고 몇 번씩이나 애가 타서 이불을 들추어보기 일쑤였습니다.

언제나 완성될까. 기다림의 시간은 길고 길었으나 그 끝에는 항상 달콤함이 기다리고 있었죠. 항아리에서 밥알이 한두 개씩 동동 뜨기 시작하면 항아리째 가마솥에 부어 팔팔 끓이면 되는데, 그렇게 갓 완성된 뜨거운 식혜의 맛을 지금도 잊을 수 없습니다. 밥알 동동 식혜는 컵보다는 사발로 마셔야 제격이죠. 그렇게 갓 끓인 뜨거운 식혜도 맛있지만, 한겨울 밖에서 살얼음이 살짝 얼도록 식힌 항아리 속의 차가운 식혜 맛도 일품입니다. 오며 가며 한 잔씩 마시다 보면, 어느새 항아리는 동이 나고 말았죠.

식혜는 '단술'이나 '감주'라고도 불립니다. 중국에서는 하나라의 시조 우 임금 때부터 '감주'라는 이름이 등장하는데, 그것이 우리나라 '식혜'와 관련이 있는지는 확실하지 않습니다. 우리나라에서는 《삼국유사》의 〈가락국기〉에 수로왕의 제사에 술과 감주, 떡, 밥, 차 등을 올렸다는 기록이 있습니다. 후대로 오면서 역사서 곳곳에 '감주'가 등장하고 있는 것을 보면, 우리 민족에게 얼마나 사랑받던 음료였는지 알 수 있습니다. 지금은 캔 음료로 나와 쉽게 마실수 있지만, 쌀이 귀하디 귀하던 시절의 식혜는 명절이나 제삿날, 귀한 손님이 올 때나 마실 수 있던 그야말로 귀한 음료였죠.

전통적인 식혜에는 보리를 싹 틔운 엿기름이 반드시 들어가야 합니다. 그런데 엿기름에는 당화효소인 아밀라아제가 많이 들어 있어서 소화제로도 그만이죠. 명절처럼 기름진 음식을 많이 먹을 때에 식혜를 후식으로 마신 것도 그러한 이유에서입니다. 엿기름은 '엿길금'이라고도 하는데, 겉보리에 물을 부어 싹을 틔운 다음 말린 것을 말합니다. 엿기름의 '기름'은 오일(Oil)의 의미가 아니라 '기르다'의 명사형입니다. '엿을 만들기 위해 기른 보리의 싹'이라는 뜻으로 해석할 수 있습니다. 엿기름을 넣어 식혜를 만들고 쌀알을 건져 내고 푹 고아서 묽고 걸쭉한 상태가 된 것을 조청, 더 오래 졸여서 식혀서 단단해진 것을 갱엿이라고 하니까 식혜, 조청, 엿은 결국 다

한 식구인 셈이죠.

그런데 뭐니 뭐니 해도 식혜의 효능은 바로 이 엿기름에서 나옵니다. 보리 자체가 원래 소화에 좋고 오장을 튼튼하게 하는 곡식인데 발아 과정에서 아밀라아제, 프로테아제 같은 소화효소가 많이 생기죠. 아밀라아제는 침 속에도 들어 있는 전분 분해효소입니다. 또 프로테아제는 육류의 소화에 도움을 주죠. 이 외에도 엿기름은 덱스트린, 엿당, 포도당, 맥아당 등 다양한 종류의 당류를 풍부하게 함유하고 있어서 신속하고 지속적으로 우리 몸에 포도당을 공급합니다. 특히 비타민 B_1은 탄수화물의 에너지 대사를 돕고, 근육과 골격의 성장을 촉진하는 영양소인데, 보리의 발아 과정에서 가장 많이 활성화되는 성분 중 하나입니다. 이 밖에도 발아 과정에서 활성화되는 니아신은 혈관을 깨끗하게 청소해주어 혈압을 낮추고 콜레스테롤도 제거해주죠.

최근에는 식혜를 만들 때 엿기름이 아니라, 설탕을 넣어 억지로 단맛만 강하게 만든 제품이 많아져서 문제입니다. 엿기름에서 나오는 자연스런 단맛보다는 설탕의 치명적인 단맛에만 익숙해지는 현대인의 모습이 안타깝습니다. 자연에서 찾은 좀 더 건강한 단맛에 우리 입맛을 길들이면 좋겠습니다.

우물에 가서도 찾고 싶은 숭늉

우리 속담 중에 "우물에 가서 숭늉 찾는다."는 말이 있습니다. 모든 일에는 절차와 순서가 있는 법인데, 이를 무시하고 성급하게 덤빈다는 뜻이죠. 좀 엉뚱한 소리 같지만, 식후에 숭늉을 못 마시면 참을 수가 없으니 급한 마음에 우물에 가서라도 찾는다고 해석해볼 수도 있지 않을까요? 썰렁했다면 미안합니다.

식혜가 특별한 날 마시던 쌀 음료라면, 가장 일상적으로 마시던 쌀 음료는 바로 숭늉이었죠. 너무나 일상적으로 마시다 보니 음료라는 말이 무색할 지경입니다. 예전에는 밥을 먹고 숭늉을 마시지 않으면 뭔가 빠진 것처럼 영 허전했습니다. 요즘은 집집마다 거의 전기밥솥을 쓰다 보니 숭늉을 접하기 힘들어졌지만, 숭늉은 우리네 음식문화에서 빼놓을 수 없는 존재였습니다.

숭늉을 만드는 법은 간단합니다. 솥에서 밥을 잘 퍼낸 다음, 누룽지가 눌어붙은 솥에 물을 부어 끓이면 구수한 숭늉이 완성되죠. 누룽지의 양에 따라 숭늉은 그 자체로도 훌륭한 한 끼 식사가 될 수 있으며, 훌륭한 후식이 되기도 했습니다. 특히, 짠 음식이 많은 우리 밥상의 특성상 식후에 마시는 숭늉 한 대접은 속을 개운하게 풀어주는 보약입니다. 짠 음식을 먹으면 체내 산성이 높아지는데, 포도당이 녹아 있는 숭늉은 속을 알카리성으로 중화시켜주니까요. 아울러 짠 맛 가득한 입안을 부드럽게 헹구어주는 역할도 했죠. 게다가 적당히 태운 누룽지에서 우러난 은근하고 구수한 향은 웬만한 고급차는 저리 가라 할 만큼 맛도 좋습니다.

숭늉을 끓여 먹으면, 가마솥에 눌어붙은 귀한 밥풀 하나도 허투로 버리지 않아도 되고, 끓이는 과정에서 솥을 씻기도 쉬워지니 그야말로 일석삼조입니다. 그 덕분에 식후에 숭늉을 마시는 게 우리의 음식문화로 자연스럽게 자리 잡을 수 있었나 봅니다. 숭늉은 우리의 구들 문화와도 관계가 있습니다. 밥을 짓고 나서도 남아 있는 불씨가 자연스레 누룽지를 만들었으니까요.

요즘은 숭늉은커녕 누룽지조차 구경하기 힘듭니다. 식후에 뭔가 마시고 싶긴 한데, 숭늉이 없어지고 보니 그 자리를 꿰차고 들어온 것이 바로 커피죠. 커피 문화가 단 시간에 우리나라를 점령한 것도 따지고 보면 숭늉을 마시는 문화가 있었기에 가능한 게 아니었을까요? 우리들은 아주 오래전부터 밥을 먹고 나서 뭔가로 입가심을 하곤 했으니까요.

1950년대 이후 미국 문화가 홍수처럼 몰려오면서 커피가 유행했죠. 여기에 우리 특유의 빨리빨리 문화가 더해져 세계 최초로 믹스 커피를 개발해내기도 했습니다. 외국인들에게 한국 문화를 소개하는 프로그램에서 식당에서 밥을 먹고 자판기에서 믹스 커피 한 잔을 뽑아 먹는 장면을 소개하는 것을 본 적이 있습니다. 식후 믹스 커피를 마시는 것이 어느새인가 우리 음식문화가 되어버렸죠.

최근에는 이렇게 사라져가나 싶던 누룽지와 숭늉이 다시 각광받고 있습니다. 누룽지 기능이 추가된 밥솥이 나오는가 하면 누룽지 제조기도 잘 팔린다고 합니다. 누룽지 백숙이니 누룽지탕이니 하는 음식이 인기를 끌고 있으며, 숭늉 음료도 개발되었죠. 역시 좋은 것은 잊히기 어려운 법인가 봅니다. 밥만 지으면 누룽지야 저절로 생겼으니, 부자나 가난한 사람이나 누구나 마실 수 있는 평등한 음료, 그것이 바로 우리의 숭늉입니다.

여름을 책임지는 에너지 드링크, 제주 쉰다리

식혜와 누룽지만큼 잘 알려지지는 않았지만, 끝으로 밥으로 만든 전통 음료를 한 가지 더 소개하려 합니다. 제주도는 육지와 멀리 떨어져 있다 보니, 흡사 외국어 같은 언어는 물론이요, 식생활까지도 육지와 다른 점이 많습니다. 물이 잘 빠지는 화산 지형이라서 논농사에도 적합하지 않았죠. 그래서 늘 쌀이 부족했으며 그래서인지 자연스럽게 보리밥을 많이 먹었습니다.

냉장고가 없던 시절, 가뜩이나 덥고 습한 제주도에서는 여름철에 보리밥이 쉽게 상했습니다. 귀한 밥을 허투루 버릴 순 없고, 남은 보리밥을 알뜰하게 쓰기 위해서 만들어진 음료가 바로 쉰다리입니다. 육지 사람들은 잘 모르던 것이, 제주살이 열풍과 제주 올레길 걷기 바람이 불면서 널리 알려졌죠. 재미난 이름 덕을 보기도 했을 것입니다. 쉰다리를 만드는 방법은 집집마다 조금씩 달랐는데, 보리밥과 누룩, 물을 넣고 발효를 시켜서 알코올 성분이 조금 생긴 것을 도수 약한 술처럼 마시기도 했고, 또 어떤 집에서는 한 번 끓여서 알코올 성분을 날리고 마시기도 했습니다.

무더운 여름, 힘든 들일이나 물일을 하고 지친 심신을 달래주는 데는 쉰다리만 한 것이 없었습니다. 누룩에 의해 당화가 일어난 쉰다리는 당분이 많아 달콤하면서도 구연산, 젖산, 탄산 등 유기산도 많아서 맛이 톡 쏘면서도 새콤하죠. 거기에 보리단백질이 발효되면서 생성된 글루탐산이 감칠맛을 더해줍니다.

당분과 유기산은 흡수가 빠르기 때문에, 갈증 해소와 에너지 보충에 효과적입니다. 게다가 발효 식품이므로 질 좋은 유산균도 많이 들어 있죠. 그야말로 제주산 수제 요구르트인 셈입니다. 쉰다리한 사발을 마시면 유산균 수천만 마리를 단숨에 삼키는 것과 같으니까요. 여름철에 마시는 쉰다리는 갈증 해소와 피로 회복은 물론장 건강까지 책임진 고마운 음료였습니다.

'쉰다리'는 지역에 따라 '순다리'라고도 부르는데, 쉰밥을 달여서만들기 때문에 '쉰다리', 혹은 아이들이 먹을 수 있을 정도로 순하고달아서 '순다리'라고 한다는 등 그 어원이 분명하지는 않습니다. 가장 신빙성 있는 어원은 '수(젖)'와 '타락(몽골식 요구르트)'을 합친 몽골어 '수타락'에서 차용되었다는 설로, 몽골식 발음으로 하면 '슌타리(Shuntari)'가 됩니다.

원나라의 간섭을 받던 고려시대에, 제주에 정착한 몽골인들이 가축의 젖으로 만들던 수유(酥油)가 변형되어 제주인들에게도 전해졌습니다. 실제로 고려 말 삼별초의 대 몽고 항쟁 이후 제주도에 설치된 '탐라총관부'에는 1,500명이 넘는 몽골 군대가 배치되었고, 탐라총관부가 폐쇄된 이후에도 토착화된 몽골인들이 제주인의 생활상에 많은 변화를 가져다주었죠. 쉰다리도 그중 하나라고 보는 것입니다. 원나라의 흔적이 남아 있는 베이징 전통문화 거리 '난뤄구샹'에는 지금도 몽골식 요구르트 '수타락'을 파는 곳이 있다고 합니다'수타락'은 우유에 누룩으로 빚은 단술을 넣어 응고시킨 것으로 맛도 제주의 쉰다리와 비슷합니다. 13세기 원나라 때부터 만들어 먹던 것인데, 세월이 흐르며 약간의 변화를 거쳐 오늘날의 '수타락'이

되었다고 합니다. 이렇게 보면 '쉰다리'라는 말이 '슌타리'에서 왔다는 설이 꽤나 설득력이 있습니다.

하지만 제주도의 쉰다리는 우유를 넣지 않고 보리밥과 누룩, 물로만 만든다는 점에서 수타락과는 차이가 있습니다. 몽골식 요구르트의 영향을 받았을지는 모르지만, 제주도의 상황에 맞게 우리식으로 재창조된 음료가 아닐까요? 요즘은 누룩 특유의 맛을 없애 부담 없이 마실 수 있는 쉰다리도 개발하고 있다고 합니다. 몸에도 좋고 갈증 해소에도 그만인 쉰다리가 탄산음료와 커피에 점령당한 우리 음료문화의 주인공이 될 수 있기를 기대해봅니다.

지금까지 우리는 현대사회와 전통사회를 오가며 다양한 먹거리들의 역사와 문화 그리고 그 속에 담긴 의미들에 대해 살펴보았습니다. 바쁘고 빠르게 돌아가는 현대사회에서 가볍게 한 끼 때울 수 있는 간편식들이 주목을 받게 되었고, 입맛이 점차 서구화됨에 따라 투박한 전통 음식들은 조금씩 외면당하고 있죠.

물론 서구화된 음식은 무조건 나쁘고, 전통만 고수해야 옳다는 뜻은 아닙니다. 다만 우리가 기억해야 할 것은 우리 스스로 먹거리를 선택하는 것이 아니라 기업 이윤의 극대화를 추구하는 현대 자본주 논리에 맞도록 혹시 입맛을 세뇌당하고 있는 건 아닌지 경계할 필요가 있다는 거죠. 모쪼록 앞으로 먹는 즐거움을 좀 더 깨닫고, 자신이 선택한 먹거리에 담긴 의미에 관해서도 한 번쯤 생각해보는 성숙한 자세를 갖게 되기를 기대해봅니다.

더 나은 먹거리를 위한
너와 나, 우리의 선택

우리는 먹거리의 세계화와 산업화 덕분에 많은 이들이 굶주림에서 벗어나게 되었다는 것을 알게 되었습니다. 하지만 넘쳐나는 먹거리와 달리 세계 어느 한편에서는 여전히 지독한 굶주림에 시달리고 있는 이들이 존재한다는 아이러니한 현실도 살펴보았죠. 게다가 많은 먹거리들이 오염되고 있는 것 또한 심각한 문제입니다. 먹거리의 세계화가 초래한 불편한 진실과 함께 우수성에 비해 평가절하되고 있는 우리의 전통 먹거리들에 대해서도 알아보았습니다.

앞으로 우리는 어떤 음식을 선택해야 할까요? 이제 선택은 여러분의 몫입니다. 어떤 음식을 선택하건 그것은 전적으로 개인의 자유입니다. 하지만 더 나은 선택이 존재하는 것도 엄연한 사실입니다. 이에 이 글을 마치기 전에 앞으로 여러분의 선택에 도움을 줄 만한 몇 가지 이야기를 보태려 합니다.

페어푸드

여러분 혹시 '페어트레이드(fair-trade)'라는 말을 들어보았나요? 흔히 '공정무역'이라고 하죠. 경제선진국과 개발도상국 사이의 불공정한 무역 구조를 해소하여 생산자의 노동에 정당한 대가를 지불하고, 소비자에게는 더 질 좋은 제품을 공급하자는 무역 형태이자 사회 운동입니다. 쉽게 말해 개발도상국에서 만들어진 상품을 적절한 가격에 구입함으로써 가격 교섭력이 약한 사람들의 자립을 돕는 착한 무역이죠. 공정무역의 원칙은 공정한 가격에 거래하는 무역, 생산자를 힘나게 하는 무역, 환경을 배려한 무역, 인권을 존중하는 무역입니다.

오랜 B. 헤스터먼이 이끄는 '페어푸드 네트워크'에서 주장하는 페어푸드[45] 운동의 정신도 이와 크게 다르지 않습니다. 현재의 고장난 먹거리체계를 혁신하여 지속가능하면서도 모두를 위해 공평하고 정의로운 먹거리체계를 만들어내자는 거죠. 헤스터먼은 '페어푸드'의 네 가지 원칙으로 공평성, 다양성, 생태학적 온전성 그리고 경제적 활력을 제시합니다.

....
45. 오랜 B. 헤스터먼의 《페어푸드》를 참고하였다.

첫째, 공평성이란 단순히 누구나 공평하게 좋은 먹거리를 얻을 수 있어야 한다는 주장을 넘어서는 것이죠. 먹거리체계 안에서 일하는 사람들은 턱없이 낮은 임금을 받거나 비인간적인 노동 환경에서 벗어나 공평한 직업의 기회를 얻을 수 있어야 합니다. 다른 사람에게 좋은 먹거리를 공급하기 위해 애쓰는 사람이 저임금 노동자라는 한계 때문에 정작 자신의 가족에게 좋은 음식을 먹이지 못한다면 공정하지 못하죠. 농업의 토대가 되는 토양과 물도 공평하게 이용할 수 있어야 합니다. 한마디로 페어푸드 운동에서 공평성이란 정의의 문제입니다.

둘째, 다양성이란 생물, 경제 및 소유 구조, 경작 방식, 사회 구조, 인종적·민족적 다양성 등을 포괄합니다. 생태계든 사회체계든 다양성을 갖춘 체계가 더 활력 있고 위기를 잘 견딜 수 있으며, 장기적으로는 지속가능성도 더 높일 수 있으니까요.

셋째, 생태학적 온전성이란 먹거리를 생산할 때 그 기반이 되는 자연 자원의 토대를 희생시키지 않아야 한다는 것입니다. 늘어난 세계 인구를 먹여 살릴 만한 충분한 식량을 생산하려면 자연을 희생할 수밖에 없다는 주장에 대해 헤스터먼은 단호하게 아니라고 말하죠. 실제로 다양한 친환경 농법 등을 통해서 자연 자원을 훼손하지 않고 생산량을 늘리는 방안들이 시도되고 있습니다.

넷째, 경제적 활력이란 지역에서 지속가능한 방식으로 생산된 먹거리 산업의 수익이 지역 경제로 환원되어야 한다는 원칙입니다. 기본적으로 지역공동체에 뿌리를 내리고 지역공동체의 지원을 받아 활동하는 로컬푸드 운동의 중요성을 강조하죠.

이렇듯 페어푸드 운동은 단지 건강한 먹거리 생산에 멈추지 않고, 먹거리와 관련된 체계 자체를 다시 설계하자는 뜻입니다.

부엌 안에서 부엌 너머로

먹거리에 관해서 제법 의식이 있다고 자부하는 사람들은 로컬푸드 직매점에서 먹거리를 사고, 조금 비싸더라도 유기농 농산물을 삽니다. 슬로푸드를 예찬하고 유기농 식재료로 만든 비싼 요리를 먹으면서 자신이 먹거리에 있어서만큼은 교양인이라고 자부하죠. 그리고 그러한 자신의 소비가 세상을 바꿀 수 있다고 생각합니다. 하지만 그래서는 오직 건강한 먹거리를 섭취하는 데에 그치고 맙니다. 로컬푸드 직판장은 아직까지는 집에서 너무 멀고, 친환경 유기농 식품은 너무 비쌉니다. 자본의 논리는 친환경 유기농 먹거리를 고급화된 또 다른 상품으로 차별화하는 전략을 선택했죠. 그러다 보니 현재의 고장 난 먹거리체계에서 개별 소비자들의 작은 실천은 자본주의의 또 다른 먹잇감으로 전락할 수도 있습니다. 이대로라면 좋은 먹거리는 부자들의 전유물이 될 수도 있습니다.

나 혼자 건강한 먹거리를 산다고 해서 문제가 해결되지 않는 이유가 또 하나 있습니다. 우리가 먹는 음식의 50% 이상이 가정 밖에서 소비된다는 점이죠. 현대인은 식사의 절반 이상을 회사에서, 학교에서, 식당에서 그리고 편의점에서 먹습니다. 사회 전반에 걸친 변화가 필요한 이유입니다.

그렇기 때문에 근본적인 체계를 바꿔야 합니다. 세계 식량체계에서 지역 식량체계로 변화해야 하죠. 그리고 한층 공정한 먹거리체계로 바꿔가야 합니다. 물론 이것이 하루아침에 가능할 순 없겠지만, 헤스터먼은 우리 모두가 깨어 있는 소비자에서 참여하는 음식 시민이 될 것을 요구합니다. 자신의 부엌 안에 갇혀 있지 말고 부엌 너머를 지향해야 한다는 거죠.

꿈은 크게 꾸되 작은 실천에서 시작하라

먹거리체계를 바꾸려면 먹거리 소비체계를 먼저 바꿔야 합니다. 그래야 생산체계도 바꿀 수 있으니까요. 소비자에게는 시장을 바꿀 수 있는 힘이 있습니다. 환경운동가 마이클 폴란은 먹거리 문제 해결을 위한 작은 실천으로 '포크로 투표하라'고 권합니다. 대형 마트가 아닌 농민 장터나 로컬푸드 직매장에서 식품을 구입하는 것은 시장에 일종의 경고 메시지를 보내는 셈입니다. 더 많은 사람들이 지속적으로 이런 메시지를 보내다 보면 결국 시장도 변화한다는 거죠. 즉 로컬푸드와 제철에 생산된 과일을 사고, 농축산물이 생산된 방식과 환경에 관심을 가지는 것부터 시작해보라는 것입니다.

폴란은 또 '텃밭을 가꾸라'고 합니다. 이를 통해 먹거리의 소중함과 함께 그동안 쉽게 소비하던 먹거리의 생산자에 대해 고마움을 느낄 수 있으니까요. 거창하게 시작하지 않아도 좋습니다. 작은 화분이라도 좋아요. 먹거리에 대한 생각이 달라질 수 있을 것입니다. 그렇게 시작해서 한 걸음씩 나아가면 됩니다. 물론 헤스터먼은 여기에서 멈추어서는 안 된다고 말합니다.

개인에서 공동체로

최근에는 깨어 있는 소비자들을 중심으로 지역 공동체 안에서 먹거리에 대한 비슷한 생각을 가진 사람들과 연대하여 중간 유통업자를 거치지 않고 직접 생산자에게 대량으로 먹거리를 구매하기도 하고, 아예 먹거리의 생산 단계부터 생산자를 지원함으로써 동시에 좋은 음식을 얻는 방식을 시도하기도 합니다. 대표적인 사례가 바로 소비자생활협동조합(생협)입니다. 협동조합이란 '재화 또는 용역의 구매·생산·판매·제공 등을 협동으로 영위함으로써 조합원의 권익을 향상하고 지역사회에 공헌하는 사업조직'입니다.

　나쁜 먹거리가 사회적 이슈가 될 때마다 우리는 생산자를 탓하죠. 양심 없는 생산자를 강하게 처벌해야 한다고 목소리를 높입니다. 그들의 양심을 믿을 수 없는데 '친환경'이라는 말에 선뜻 값을 더 치를 수 없다고 말하기도 하죠. 그러나 한 번쯤 달리 생각해보면 어떨까요? 내 권리가 소중한 만큼 생산자의 권리도 소중하다고 말이죠. 생산자가 착취당하는 현실에서 건강한 밥상은 한낱 꿈에 불과합니다.[46] 생산자를 지원해주는 소비는 먹거리의 생산체계를 바꾸는 일에 기여할 수 있을 것이며, 궁극적으로 더 안전하고 건강한 먹거리를 얻을 수 있을 것입니다.

　최근에 학교를 중심으로 교육협동조합이라는 것도 생겨나고 있

46. 공윤희·윤예림(2016). 《찰리와 초콜릿 공장이 말해주지 않는 것들》. 샌들코어. 185쪽

습니다. 교육협동조합은 '교육'이라는 용역을 중심으로 운영되는 조직인데, 가장 인기 있는 사업 중 하나가 학교 매점을 운영해 안전한 먹거리를 제공하고, 아침식사 대용의 건전식품을 공동구매하는 학생건강 증진 사업입니다. 초창기에는 몇몇 교사나 열성적인 학부모의 힘으로 꾸려졌지만, 차츰 학생이 주도해 나가는 교육협동조합도 생겨나고 있습니다.

학교 급식에서 시작하는 먹거리체계 바꾸기

먹거리를 가장 많이 소비하는 단체 중 하나가 바로 학교입니다. 학교는 아이들에게 건강한 먹거리를 제공하면서도 현재의 먹거리체계를 바꿀 수 있는 가장 구매력이 큰 기관이기도 하죠. 그래서 학교 급식에 지원금을 주면서 로컬푸드를 이용하도록 하는 정책을 펼치고 있는 지자체도 있습니다.

중학생들에게 고등학교를 선택하는 기준을 물으면 '급식'이라고 말하는 학생들이 의외로 많습니다. 하지만 대부분은 그저 '맛있는' 급식에만 관심이 있을 뿐 '좋은' 급식에는 무관심하죠. 피자나 햄버거는 인기 폭발인데, 나물 반찬에는 열에 아홉은 손도 대지 않는 게 현실입니다.

좋은 급식을 제공하는 일을 어른들에게만 맡겨놓아서는 안 될 것입니다. 여러분 자신이 먹는 음식이니까요. 식재료를 만든 사람이 누구인지, 어떤 방식으로 생산했는지 그리고 어떻게 만들어져서 우리 밥상에 올라왔는지 관심을 가져봅시다. 내가 먹는 음식이 어떻게 세상을 바꾸고 변화시킬 수 있는지 생각해보아야 합니다.

혹시 학교 텃밭 가꾸기 동아리가 있다면 참여해보면 어떨까요? 없다면 먼저 나서서 자율동아리를 만들어보는 것도 좋습니다. 학급이나 동아리별로 실시하는 현장 체험학습으로 지역 농장을 견학하는 체험활동을 추진해볼 수도 있겠죠. 학생회를 통해 지역 농산물을 활용한 요리 체험교실이나 학생 요리대회를 열어볼 수도 있고요. 우리 학교의 급식 재료는 어디에서 오는 것인지 확인하고 로컬푸드를 이용하도록 건의해볼 수도 있습니다. 뜻있는 친구들과 함께 학교를 움직여 먹거리와 관련된 교육협동조합을 만들어볼 수도 있고요. 패스트푸드에 길들여진 식습관을 개선하고 우리의 전통 음식이나 다양한 슬로푸드에 관심을 갖자는 캠페인도 해보면 좋겠습니다.

더 나아가 공정한 먹거리체계에 관한 법률의 개정에도 관심을 가져야 합니다. 국회의원들에게 편지를 쓸 수도 있겠죠. 다수의 유권자들이 어떤 음식에 관심을 갖느냐에 따라 국회를 움직일 수 있습니다. 혼자보다는 여럿의 힘이 더 큰 법이니까요.

　우리 민족의 긴 역사 속에서 청년들은 항상 사회 변화의 주역이 되었습니다. 젊은 그들은 조국 독립, 민주화, 여성의 권리, 환경문제 등 각 시대에 맞는 요구에 깊은 관심을 가졌으며 결국 행동으로 변화를 이끌어냈죠. 이제는 먹거리 정의에 대해서도 함께 외쳐야 할 때입니다. 우선 작은 것부터 실천하고 변화를 이끌어내려는 노력을 해보면 어떨까요? 그리하여 여러분이 어른이 될 때쯤 모든 사회 구성원의 마음속에 공정하고 정의로운 먹거리체계에 대한 사명이 끓어오르도록 하는 것, 그것이 먹거리체계를 바꾸는 가장 좋은 방법이 아닐까요?

모두 함께 잘 살기 위한 실천,
생활협동조합

산업화와 도시화로 인해 이웃과의 교류가 점차 사라져가고, 우리 주변에는 오직 이윤 추구를 목적으로 생산된 각종 첨가물로 범벅된 먹거리들이 쏟아지고 있습니다. 게다가 논과 밭은 독한 화학비료로 병들어가고 있죠. 이는 어제 오늘 일이 아닙니다.

최근 우리나라에서도 먹거리의 과도한 산업화를 경계하고, 그저 자본의 논리로 먹거리를 선택하는 게 아니라 생산 및 유통에도 관심을 갖는 사람들이 함께 뜻을 모아 생활협동조합을 운영하는 사례가 늘고 있죠. 처음에는 몇몇 사람들이 참여하는 수준이었지만, 현재는 이러한 취지에 동조하는 사람들이 점점 늘어나면서 해마다 성장을 거듭하고 있습니다. 여기 우리나라의 대표적인 생활협동조합을 소개합니다. 조합의 취지를 이해함으로써 앞으로 여러분이 좀 더 좋은 먹거리를 선택하는 데 도움이 되었으면 합니다.

• 두레생협연합(http://dure-coop.or.kr)

두레생협은 자립과 협동을 기본원리로 하는 생협 운동을 통해 지역사회를 재편하기 위한 과제를 해결해나가고자 합니다. 이를 위해 생활재 개선 개발, NON GMO 생산기반 도전, 생활재 안전기본 강화 및 품질경쟁력 향상 등을 추진하고 있습니다.

• icoop생협(http://www.icoop.or.kr)

아이쿱생협은 안심할 수 있는 먹거리와 생활의 안심을 만드는 사업, 생산과 노동이 지속가능하고 사람 중심의 조직이 되는 기반을 만들어가려는 취지하에 조합원들이 신뢰할 수 있는 좋은 식품을 생산하고 공급하기 위해 노력합니다. 아울러 더 많은 소비자들이 좋은 식품을 더 많이 알고 선택할 수 있도록 공익적 활동에 앞장서고 있습니다.

• 한살림연합((http://www.hansalim.or.kr)

한살림연합은 생산자의 삶에 더 가까이 다가서기 위한 가치가 반영된 물품의 이용을 확대하고, NON GMO 및 국산자급 사료를 전체 축종(가축)으로 확대하기 위해 노력합니다. 먹거리의 공공성을 확산하는 사업과 활동을 적극적으로 시행하고 있으며, 지역의 균형 발전을 지원하는 등의 다양한 사업을 벌이고 있습니다.

• 행복중심(http://www.happycoop.or.kr)

행복중심생협은 친환경적이며 지속가능한 생산을 위해 협동소비의 힘을 확대하고, 생활 속의 문제를 해결하며 더 많은 민주주의가 가능한 지역공동체를 만들며, 사회적 약자와의 연대를 통해 다양성이 존중되는 사회를 만들어가기 위해 노력하고 있습니다.

공윤희 · 윤예림(2016). 《찰리와 초콜릿 공장이 말해주지 않는 것들》. 샌들코어.

김종덕(2018). 《생각이 크는 인문학-내가 먹는 음식이 세상을 바꾼다고?》. 을파
　소(21세기북스).

김종덕(2012). 《음식 문맹자, 음식 시민을 만나다》. 따비.

세계김치연구소(2013). 《김치와 김장문화의 인문학적 이해》. 민속원.

이선영(2018). 《내 아이를 해치는 가짜 음식》. 느낌이있는책.

전상인(2014). 《편의점 사회학》. 민음사.

정혜경(2015). 《밥의 인문학》. 따비.

황태영(2012). 《진작 알았다면 결코 마시지 않았을 음료의 불편한 진실》. 비타북스.

댄 주래프스키(2015). 《음식의 언어》(김병화 역). 어크로스.

마빈 조니스 · 댄 레프코비츠 · 샘 월킨(2004). 《빅맥이냐 김치냐》(김덕중 역).
　지식의날개(방송대출판문화원).

마이클 모스(2013). 《배신의 식탁》(최가영 역). 명진출판.

에릭 슐로서 · 찰스 윌슨(2007). 《맛있는 햄버거의 무서운 이야기》(노순옥 역).
　모멘토.

오랜 B. 헤스터먼(2013). 《페어푸드》(우석영 역). 따비.

조지 리처(2004). 《맥도날드 그리고 맥도날드화》(김종덕 역). 시유시.

줄리언 바지니(2015). 《철학이 있는 식탁》(이용재 역). 이마.

캐럴 헬스토스키(2011). 《피자의 지구사》(김지선 역). 휴머니스트.

토머스 L. 프리드먼(2009). 《렉서스와 올리브나무》(장경덕 역). 21세기북스.

파울 트룸머(2011). 《피자는 어떻게 세계를 정복했는가》(김세나 역). 더난출판사.